长期价值
出口跨境电商十年投融资研究

跨境眼观察　编著

周建斌　曾　琦　谢婷亭 ◎ 主编

中国商业出版社

图书在版编目（CIP）数据

长期价值：出口跨境电商十年投融资研究／跨境眼观察编著．—北京：中国商业出版社，2021.7
ISBN 978-7-5208-1695-3

Ⅰ．①长… Ⅱ．①跨… Ⅲ．①电子商务-投资-融资-研究 Ⅳ．①F713.36

中国版本图书馆CIP数据核字（2021）第139487号

责任编辑：袁开春

中国商业出版社出版发行
010-63180647　www.c-cbook.com
(100053　北京广安门内报国寺1号)
新华书店经销
三河市祥达印刷包装有限公司印刷

﹡

787毫米×1092毫米　16开　11.25印张　184千字
2021年7月第1版　2021年7月第1次印刷

定价：129.00元

﹡﹡﹡﹡

（如有印装质量问题可更换）

序一

  2020年的新冠肺炎疫情对全球的消费和零售格局带来非常大的影响。世界各国为了控制疫情采取的隔离措施催化了零售的线上化，同时消费者也对线上购物的接受度有显著的提升。作为世界的制造业生产基地，中国稳定的产能和完善的供应链对世界经济产生的作用有目共睹。另外中国有效的防疫措施让其生产力能够迅速稳定下来。中国产能的溢出加上全球零售的线上化程度加深，让中国跨境电商的优势进一步凸显。

  中国跨境电商拥有几个主要的优势。

  1. 生产力：通过几十年的发展，中国的制造业是全球第一，不但非常完善，而且非常灵活，能够实现小批量、高度定制、快速反应等高门槛的生产需求。

  2. 电商和物流经验：中国的电商环境发展得早，加上国内庞大的人口基数和消费力的提升，让国内电商市场长期处于高度竞争状态。这个环境打磨出非常成熟、高效、新颖的运营和流量打法。

  3. 应用层面的技术能力：中国互联网巨头林立，他们之间的竞争为国家建立了非常丰富的IT人才储备。另外，互联网渗透到国民日常生活的方方面面，包括通信、电商、物流、金融科技、社交媒体、视频、本地生活等，让中国互联网公司在应用层面的技术上发挥得淋漓尽致，其先进度远远超越其他国家。

  4. 大数据：巨型而统一的消费市场、高渗透的电商、高频的交易和多方面竞争累积了庞大的数据体量，能充分释放大数据的价值，包括数据驱动的产品设计、选品、运营、推广等。

  中国跨境电商有明显的优势，同时也面对非常大的挑战。中国跨境电商企业需要面对国外多语种、多渠道的市场，并且需要为每一个市场和渠道定制运营、推广和销售策略。另外，中国货物连接海外的距离非常远，中间涉及多环节和多供应商的国际物流，导致履约成本高昂和效率低下。面对着履约带来的挑战，卖家需要平衡当地仓库的库存量和国际物流效率。

因此，跨境电商对 SaaS 与 ERP 提供方有非常大的需求。这些 SaaS 服务综合了电商与物流的实战经验和应用层面的技术能力，为卖家提供技术赋能，提升运营效率。这包括对接整条价值链各个环节的供应商，比如供货商、货代、仓库、国际物流、当地快递等；也涉及提升卖家的内部管理能力，比如多店铺运营、订单管理系统、仓库管理系统和广告投放服务等。

展望未来，中国跨境电商将会沿着新供应、新流量和技术迭代继续发展。

1. 新供应：中国 1.0 版本的供应链被动接单然后通过快速反应来满足需求。2.0 版本的新供应将会通过中国品牌的塑造而主动往国外渗透。

2. 新流量：现代互联网用户获取商品信息的渠道在不断改变；这个流量结构的改变意味着推广逻辑的改变，所以触达用户的打法将会改变。

3. 技术迭代：通过科技在货流的各个环节继续渗透，除了为卖家提供基础店铺、订单与运单管理之外，利用大数据提供库存预测、仓库空间管理、国内国外的物流资源对接，为整体履约降低成本和提升效率。

全球的零售将会继续迅速的线上化，这为中国跨境电商带来无限的商机。

eWTP 科创基金合伙人

2020年突如其来的新冠肺炎疫情让整个跨境电商行业站到了风口之上。当传统外贸受到疫情冲击时,跨境电商新业态发挥独特优势,成为稳外贸的重要动能之一。

对外贸易,本质上是构建端到端的中国到全球的商品流通链条。纵观我国改革开放四十多年对外贸易的发展历程,中国作为制造大国,逐渐从定义商品流通链条到定义产品,从B2B占绝对主导地位到多业态共生发展。

改革开放前三十年,中国主要构建的是以B2B为统治地位的商品流通链条。2003年,eBay首次允许中国制造通过B2C重新定义商品流通链条;2012年,随着亚马逊进入中国,经过近十年发展,B2C增速已远远超过B2B,中国制造首次开始定义自己的产品。据海关统计,2020年我国跨境电商进出口1.69万亿元,增长了31.1%,其中出口1.12万亿元,增长了40.1%。

但是在2010年以前,整个B2C电商出口的链条都比较粗放。不仅物流、支付、信息化等基础设施薄弱,各大电商平台的规则也不够完善。此外,还存在着行业人才缺失等问题。

直到近十年,随着近百个海外电商平台进入中国并建立服务团队,越来越多的中国品牌、零售商和制造商开始借助跨境电商平台拓展海外市场,中国卖家成为各大平台的中坚力量。卖家逐渐本土化的同时,也诞生了许多优秀的中国出海品牌,"中国制造"被越来越多的国家和国际市场认可。

与此同时,国家在政策层面给予大力支持,积极营造适应跨境电商发展的良好环境,成立了一系列跨境电商的综合试验区;在税收、外汇、海关通关方面都采取了一系列的便利化措施。

再者，随着跨境电商加速崛起，跨境物流和跨境支付等服务商也在龙头企业的带动下，逐步完善基础设施建设，构建了发达的跨境物流网络以及合规的跨境支付通路。

而 2020 年的新冠肺炎疫情加速了全球数字化商品流通的浪潮，随着 B2C 商品链条的成熟，大量资本在 2020 年涌入行业，未来十年将会迎来中国互联网出海的黄金时期。

因此，本书对于出口跨境电商 2011—2020 年资本趋势的研究很有意义。书中分别从卖家、物流商、服务商、平台方等多个维度研究了资本近十年的偏好变化，同时还对跨境电商上市公司进行案例剖析，并总结各个投资机构的投资风格等。

资本的嗅觉通常是最敏锐的，通过研究过去十年的资本偏好，我们能够提前洞察行业发展趋势，探索发展机遇，把握发展机会。不仅是卖家企业，也包括跨境电商链条上各个环节的参与方，都能从书中找到自己想要的东西。

诚然，世界经济和贸易的不确定性会对中国产业链产生影响，会带来诸多不确定性。而卖家数的激增也会造成一定程度的内卷，海外本土品牌同样也对线上化虎视眈眈。

但是，中国面向全球的商品流通生态，正需要我辈共同参与，要做到更快速地响应消费者，创造更优秀的消费者体验。

两千年前，先辈们走出了丝绸之路，把瓷器和中华文明输出给全世界。今天，我们要踏着线上丝绸之路，把中国品牌输出给全世界。

易仓科技总裁

在一个巨大的赛道里，被赛道超高的增速带着成长，是人生一大幸运。

跨境电商（以下指出口跨境电商）每年以万亿级的增速在前进着，造就了许多传奇。数不清的亿级大卖家、卓尔不群的百亿级卖家，组织着百人、千人、万人的团队，把优秀的中国制造，送到全球消费者面前。中国制造的口碑和品牌，就这样被一双又一双奋斗的手，通过一个又一个好产品，生动地点燃着世界的激情。

跨境电商，见证了一代中国人的燃烧岁月。过往十年，是跨境电商的黄金十年，平台的不断完善、物流和支付基础的日臻专业、人才的不断涌入，让跨境电商成为中国增长最好的行业之一。

巨大的增长之下，很多人在思考，跨境电商未来还会高速增长吗？未来的增长属于什么样的企业？不断地追问下，大家都会回到企业的核心价值这一点上。

跨境电商的核心价值又是什么呢？在商场上，最懂一个赛道的企业群体价值的，莫过于投资人。过往十年，有公开资料统计的数据，跨境电商累计吸引融资超过330亿元，这些融资都是基于什么样的深刻洞见决策的呢？新入的资本引起了哪些巨大的改变和爆发？在我们的十年融资研究里，将给出这些答案。

正如我们所坚信的，中国品牌的崛起是必然的。未来，将有数以千计的新中国品牌走向全球市场，无论是资本，还是全球消费者，他们愿意长期买单的，必然是产品价值，以及由此塑造的品牌背后的信任。

我们跨境人，所致力付出的就是，让全球消费者的声音，回响在中国各地的产业带上空,让产业带在消费者的反馈中,创新,不断创新!让优秀的中国制造,于全球各处,无所不在。

陈贤亭

易仓科技副总裁、跨境眼联合创始人

前言
foreword

根据海关统计，2011 年至 2020 年，中国出口贸易额从 12.32 万亿元增长至 17.93 万亿元，增幅达到 45.54%。其中，B2C 交易额所占比例从 2011 年的 2.5% 增长至 2019 年的接近 20%。同时，根据网经社电子商务研究中心发布的监测数据，2019 年我国出口跨境电商交易规模为 8.03 万亿元；按照海关总署最新统计，2020 年我国出口跨境电商增速超 40%，推测 2020 年出口跨境电商交易规模预计达到 11.24 万亿元。

近十年中，跨境电商从粗放管理过渡到精细化运营，从卖欧美到卖全球，从"中国制造"转变为"中国品牌"，从小打小闹的作坊式生意开始向资本市场靠拢。这十年，卖家、物流商、支付、结汇、SaaS 服务商等，几乎所有的跨境电商主体都受到了资本的关注。

特别是刚刚过去的 2020 年，新冠肺炎疫情成为跨境电商跨越式发展的催化剂。在大多数行业受到冲击的情况下，跨境电商展现出巨大的潜力，成为稳定外贸的重要力量。

也正是这一年，安克创新成为首批创业板注册制上市企业之一，同时也是首家 IPO 登陆 A 股的跨境电商公司；这一年，很多百亿级的企业开始浮出水面，它们的成长路径成为行业学习典范；这一年，我们看到跨境电商行业的资本化已是大势所趋。

2021 年，又是一个新十年的开始。借此契机，"跨境眼观察"推出《长期价值 出口跨境电商十年投融资研究》一书。作为跨境电商行业深度媒体智库平台，"跨境眼观察"希望能够与行业人士共同观察和探索跨境电商的新趋势与新路径。

跨境眼观察

2021 年 4 月

数据采集说明：

1．采集对象：本书所有"跨境电商"均指"出口跨境电商"，即出口跨境电商 B2B 和 B2C 企业的融资和上市数据，不包含进口部分。

2．数据时间：本书所采集的投融资数据，若无特殊标注，均指"2011—2020 年"。

3．数据来源：

（1）本书数据均来源于公开资料整理，仅以公开资料能查询到的数据为准或者进行估算，未披露融资情况的融资企业则不包括在内。如有纰漏，敬请谅解。

（2）做数据横纵向对比时，所有美元、港元融资金额，均按 2020 年 12 月 31 日汇率换算成人民币。

（3）部分已披露融资但未披露详细融资金额的，均以数百万为 500 万，数千万为 5000 万估算。

研究主体说明：

1．卖家：指第三方跨境电商平台卖家、独立站卖家。

2．物流商：指提供跨境电商物流相关服务的服务主体，如直发服务、海外仓服务、清关服务等。

3．平台：指中国出口跨境电商 B2B 平台、B2C 平台。

4．其他服务商：指 ERP、支付金融、卖家教育、建站平台等服务商主体。

5．若研究企业同时兼营几种不同业务，则以其最大营收业务为准进行归类。

关注微信公众号"跨境眼观察",我们期待与您交流:

1． 欢迎对本书信息提交勘误建议,若被采纳则可获赠"跨境眼小商店"抵扣券一张,抵扣券可用于购买跨境眼观察旗下任何内容产品。

2． 欢迎加入"跨境电商投融资交流群",与作者和其他读者共同交流。

3． 本书对投融资信息的整理如有疏漏,或者您对内容有任何疑问,欢迎与我们联系。作者邮箱:zengqi@eccang.com

跨境眼观察公众号

跨境眼小商店

目录
contents

第1章　概述：穿越周期，在不确定性中寻找确定性 / 1

1.1　中国出口跨境电商发展历程简述 / 2

1.2　2011—2020 年资本视角下的跨境电商 / 4

1.3　2011—2020 年融资 TOP10 榜单 / 10

1.4　跨境电商的资本沉浮：从新三板到并购，再到 IPO / 12

第2章　卖家篇：星星之火，可以燎原 / 19

2.1　跨境电商卖家十年融资清单 / 20

2.2　不同模式卖家的资本青睐度 / 27

2.3　跨境电商卖家模式变迁之旅 / 31

2.4　跨境电商卖家融资 TOP10 榜单及融资前后业绩变化 / 33

2.5　进击的跨境电商卖家与传统品牌出海 / 37

第3章　物流篇：只要朝着阳光，便不会看见阴影 / 43

3.1　跨境电商物流十年融资清单 / 44

3.2　跨境电商物流模式介绍 / 50

3.3　跨境电商物流正处高速成长红利期 / 52

3.4　跨境电商物流的核心竞争力 / 55

3.5　国内物流巨头加快布局跨境物流 / 59

3.6　跨境物流的资本盛宴，行业加速洗牌的开始 / 61

第4章　服务商篇：春天也许会迟到，但永远都不会缺席 / 67

4.1　跨境服务商十年融资清单 / 68

4.2 跨境电商沃土孕育的第三方支付 / 73

4.3 百花齐放的跨境电商 ERP / 74

4.4 独立站建站平台本土化 / 76

第5章　平台篇：通往云端的道路，只亲吻攀登者的足迹 / 81

5.1 跨境电商出海平台十年融资清单 / 82

5.2 新兴市场的跨境电商平台机会 / 89

5.3 资本为什么看好新兴市场电商平台 / 92

5.4 【案例研究】拉美市场的大爆发 / 95

第6章　投资机构篇：风险来自你不知道自己正在做什么 / 103

6.1 跨境电商投资机构 TOP 榜单 / 104

6.2 互联网大厂加入出海竞争 / 109

6.3 行业内并购兴起 / 114

6.4 资本视角：长期主义者更值得投资、跨境物流的命脉在海外 / 118

第7章　财报分析篇：要随波逐浪，不可随波逐流 / 125

7.1 2019 年跨境电商财报分析 / 126

7.2 2020 年跨境电商财报分析 / 134

后记 / 141

后记一 / 142

后记二 / 143

附录 / 145

参考资料 / 163

第 1 章 概述
穿越周期,在不确定性中寻找确定性

1.1
中国出口跨境电商发展历程简述

1999 年，阿里巴巴实现用互联网连接中国供应商与海外买家后，中国对外出口贸易就开始实现互联网化。在此之后，出口跨境电商经历了三个阶段。

阶段：2002—2012

跨境电商 B2B 是主流模式

1.0 时期，跨境电商仍处于摸索阶段，平台、物流、清关等跨境电商配置服务不完善，B2B 是主流模式，很多 B2C 卖家刚刚起步。

这一阶段，诞生了中国最早一批跨境零售企业和为跨境电商提供各种服务的企业，聚集了最早的一批跨境电商人才。很多业务和服务模式，也是这个阶段创立出来的。代表企业有敦煌网、阿里巴巴、兰亭集势、环球易购等。

阶段：2013—2018

B2C 兴起，2013 年被称为跨境电商的"元年"

政策方面，全国人大常委会正式启动《中华人民共和国电子商务法》的立法进程，国务院出台支持外贸跨境电商的"国六条"，上海自贸区启动了全国首个跨境贸易电子商务试点平台。市场方面，各大跨境电商平台逐渐开放中国企业注册，并提供大量的扶持政策，各平台争相发力。

这一阶段产业链逐步完善，跨境电商渠道和品类快速扩张，经营模式开始出现分化，主要分成铺货、品牌 / 精品、自建独立站（卖家模式分类，请参见 25 ～ 26 页）三种模式；同时，移动端交易渐成主流，线上交易更为便捷化。

此外，除邮政外，各类跨境物流产品相继出现，并不断成熟。特别是亚马逊 FBA 让海外仓成为标配，卖家开始大规模采用海外仓模式，极大地改变了中国跨境电商产品的客户体验。

来源：纵腾集团 & 易仓科技 & 跨境电商物流百晓生出品《2019 中国跨境电商物流蓝皮书》

图1-1 跨境物流产品的迭代

 3.0 阶段：2019 年至今
精细化运营时代，品牌出海

2019 年以来，跨境电商的配套政策趋于完善，税务、财务、结汇等也呈合规化趋势。同时，2020 年新冠肺炎疫情爆发后，跨境电商逐渐成为中国外贸出口的一个重要力量。

2020 年 11 月，国家主席习近平在第三届中国国际进口博览会主旨演讲中指出，中国将推动跨境电商等新业态新模式加快发展，培育外贸新动能。同年 6 月 29 日，李克强总理主持召开稳外贸工作座谈会时强调，发展跨境电商、海外仓、外贸服务平台等新业态，培育外贸新增长点。

2021 年 3 月 12 日，《中华人民共和国国民经济和社会发展第十四个五年规划和 2035 年远景目标纲要》发布，第四篇第十三章第一节"推动进出口协同发展"中提到，加快发展跨境电商、市场采购贸易等新模式，鼓励建设海外仓，保障外贸产业链、供应链畅通运转。

跨境电商进入 3.0 阶段，上下游产业链趋于完整，随着相关法律法规的完善，跨境电商逐渐规范化。企业从野蛮成长中走来，愈发重视精品开发和品牌精细化运营；头部企业的品牌认知逐渐成形，并形成强势的壁垒。

1.2 2011—2020 年资本视角下的跨境电商

研究跨境电商近 10 年的资本情况，从 2011—2020 年，出口跨境电商领域总共完成融资事件 295 起，披露总金额约 332.13 亿元人民币。这 10 年间跨境电商的资本关注度越来越高，并呈现出从 B2B 到 B2C，从铺货到精品，从轻量级试水到争相押注的趋势。

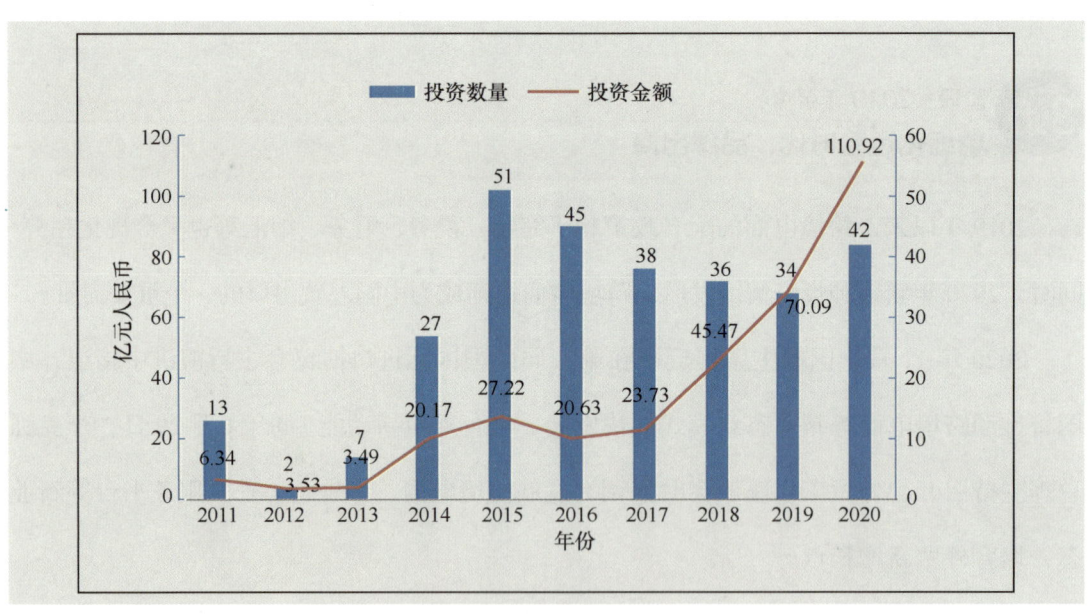

注：数据采集及整理，请参见"前言—数据采集说明"。

图 1-2　跨境电商融资情况（2011—2020）

第 1 章　概述：穿越周期，在不确定性中寻找确定性

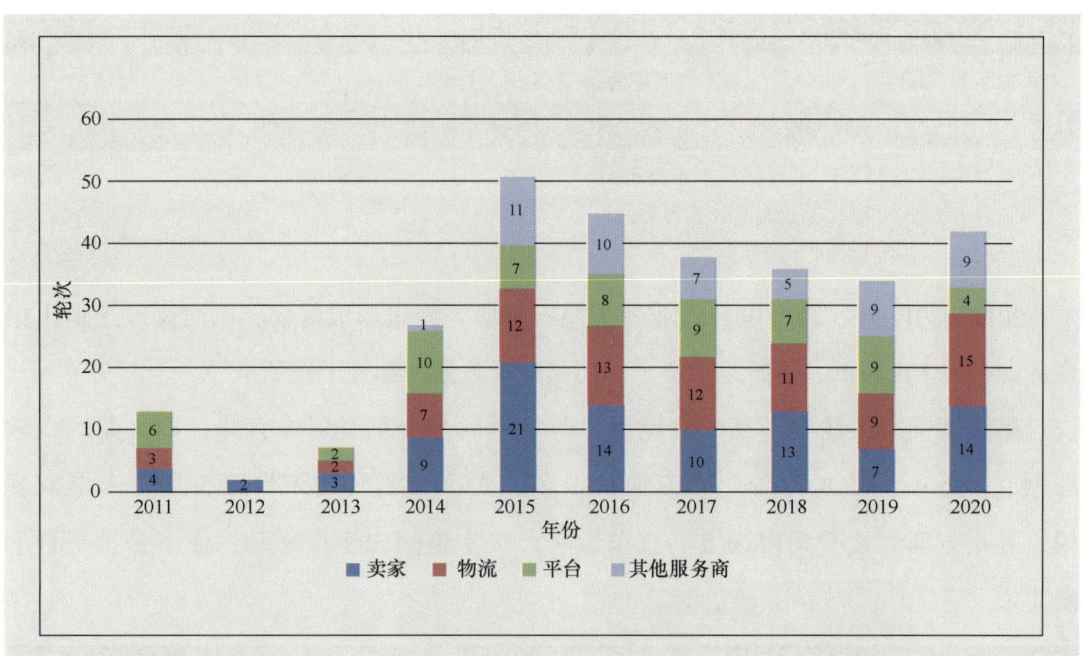

图1-3　跨境电商融资轮次分布（2011—2020）

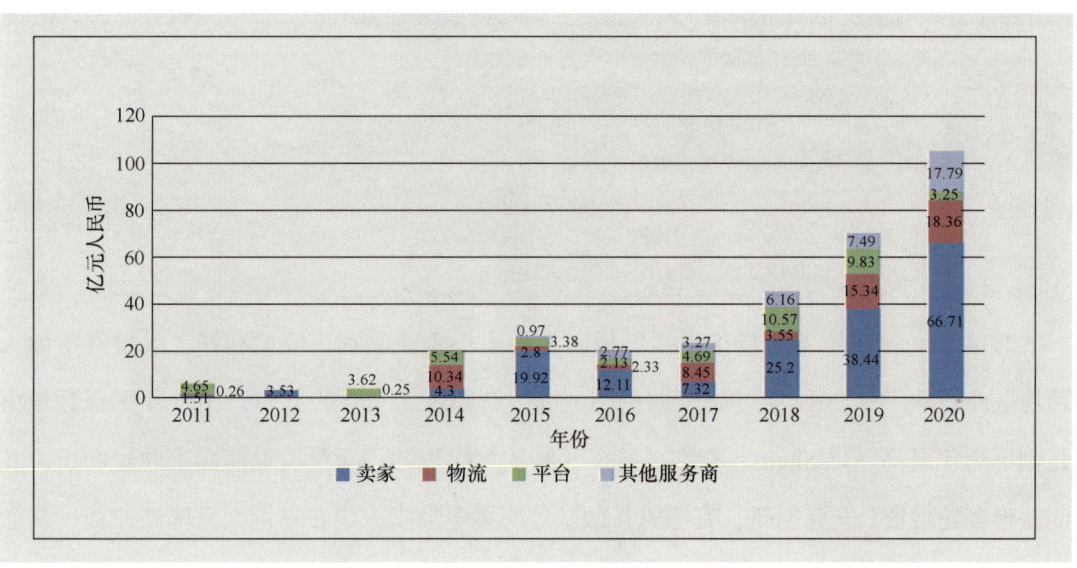

图1-4　跨境电商融资金额分布（2011—2020）

2011—2012年：以天使轮、A轮为主，资本倾向于投平台	
投融资笔数：22笔	披露金额：13.9亿元
代表性事件	
【大龙网】	2011年B轮融资数千万美元。
【米兰网】	2011年A轮融资1000万美元。 2012年B轮融资数千万美元。

2011—2012年，跨境电商行业处于摸索阶段，尚未形成规模，同时又缺乏退出渠道，资本关注度较低，不管是融资金额还是融资数量，都处于较低水平。

在整体资本关注度不高的情况下，跨境电商平台更受资本青睐，如大龙网、敦煌网、EZbuy、WOOK等。一方面，很多大卖家在当时还未崭露头角，未形成规模；另一方面，或受国内淘宝、京东影响，资本更倾向于投平台，而不是投平台上的卖家。

2013—2017年：2015年融资数量创下历年最高，卖家成为主角	
投融资笔数：161笔	披露金额：91.75亿元
代表性事件	
【SheIn领添科技】	2013年天使轮融资数百万元人民币。 2014年A轮融资500万美元。 2015年B轮融资3亿元人民币。
【Jollychic执御】	2013年天使轮融资1500万元人民币。 2015年A轮融资2250万元人民币。 2016年pre-B轮融资2亿元人民币。 2017年B轮融资亿元以上人民币。

2014年，国内资本市场推出新三板以帮助中小企业融资，政策利好下大量资本涌入跨境电商行业。仅2014年的融资数量和金额，就超过前三年的总和，2015年融资数量更是创下历年最高。以SheIn、赛维、通拓、傲基为代表的一众跨境电商卖家脱颖而出，其间获得多轮融资。安克创新、有棵树、傲基等跨境电商卖家也在这期间登陆新三板，初尝资本市场滋味。

这一阶段，跨境电商逐渐被资本认可，投资热情高涨。行业也越来越细分，不管是卖家、物流、平台还是其他服务商，都获得不少融资机会。但从金额来看，卖家在这两年成了主角，特别是有棵树、傲基、执御、SheIn等大卖家，开始展露出不俗的赚钱能力。

2018—2020年：获得主流机构认可，各领域龙头呼之欲出

投融资笔数：112笔　　　　　　披露金额：226.48亿元

代表性事件

【纵腾集团】2018年A轮融资亿元及以上人民币。
2019年B轮融资7亿元人民币。
2019年B+轮融资，金额未披露。
2020年C轮融资5亿元人民币。

【安克创新创业板上市，募得27.19亿元人民币，比原计划超募11.59亿元。】

【SheIn领添科技完成E轮融资，估值150亿美元，计划美股上市。】

2018—2019年，价之链、泽宝、通拓、有棵树等大卖先后被上市公司收购，行业的资本热度再次升温。与此同时，以纵腾、泛鼎国际、运去哪为首的跨境物流企业进入资本视野，接连获得多轮融资。

进入2020年，安克创新IPO登陆创业板成为行业标志性事件，同年上市的还有杰美特、VESYNC，3家企业合计IPO募资超过50亿元人民币。

2018—2020年，从融资主体看，在卖家依然唱主角的情况下，跨境电商链条中的其他环节也越来越受到重视，并且细分领域有一些龙头开始冒出。比如主营大件家具的致欧科技、跨境物流基础设施服务商纵腾、一站式跨境支付平台Airwallex空中云汇、ERP软件服务商易仓等。

同时，这一阶段的融资金额较过去有大幅度提升，主要原因包括：大卖家们业绩斐然，且增速很快；跨境电商获得主流机构认可，越来越多资本进入；供应商、服务商等细分领域中出现龙头，机构持续加码；部分早期获得融资的企业估值水涨船高，进入D轮、E轮中后期融资金额较高。

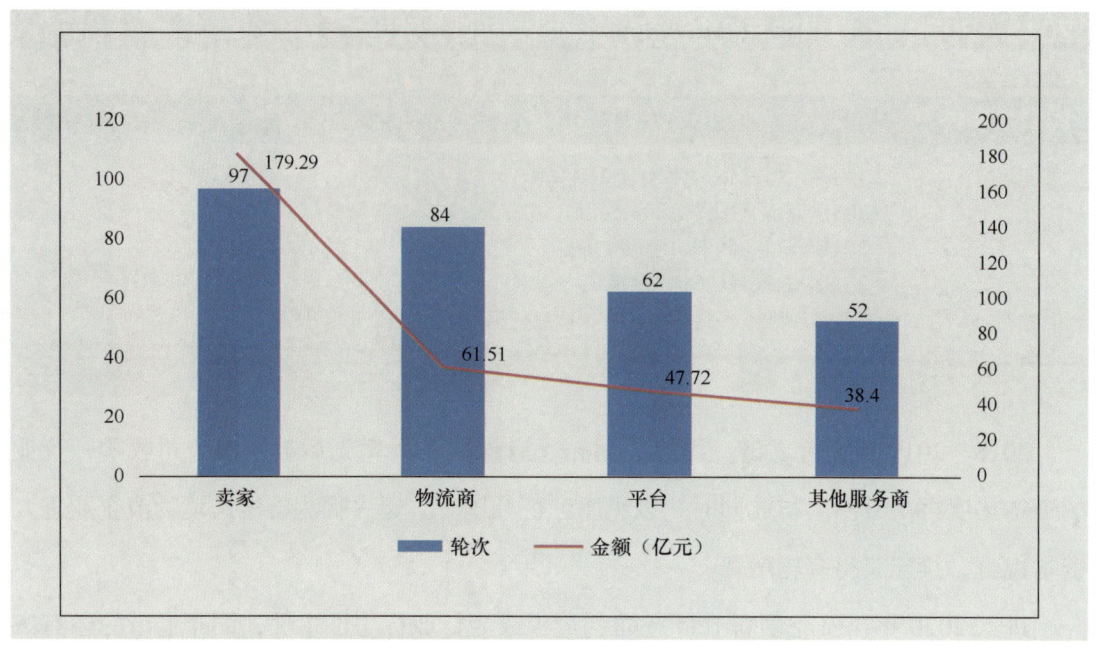

注：数据采集及整理，请参见"前言—研究主体说明"。

图1-5 跨境电商融资主体融资金额及轮次分布（2011—2020）

从融资主体看，近十年卖家群体不管是从轮次还是融资金额都处于领先位置，共融资97轮次，披露金额179.29亿元；其次是物流服务商，共融资84轮次，披露金额61.51亿元；接着是中国跨境电商出海平台，共融资62轮次，披露金额47.72亿元；最后是其他服务商，共融资52轮次，披露金额38.4亿元。

数据显示，卖家群体平均单笔融资额约1.85亿元，即便剔除2020年3笔IPO融资，平均单笔融资额依然达到1.35亿元；相较而言，物流服务商平均单笔融资额为0.73亿元，跨境电商平台平均单笔融资额为0.77亿元，其他服务商平均单笔融资额为0.74亿元。由此可见，卖家的成长空间在资本方看来更具想象力。

相较卖家的融资情况，物流服务商平均融资额并不高，一方面，由于早期小型物流服务商的融资额较低或未披露金额，拉低了平均额；另一方面，相对于卖家，作为服务商的物流企业更晚被资本注意到，存在时间差。

第1章 概述：穿越周期，在不确定性中寻找确定性

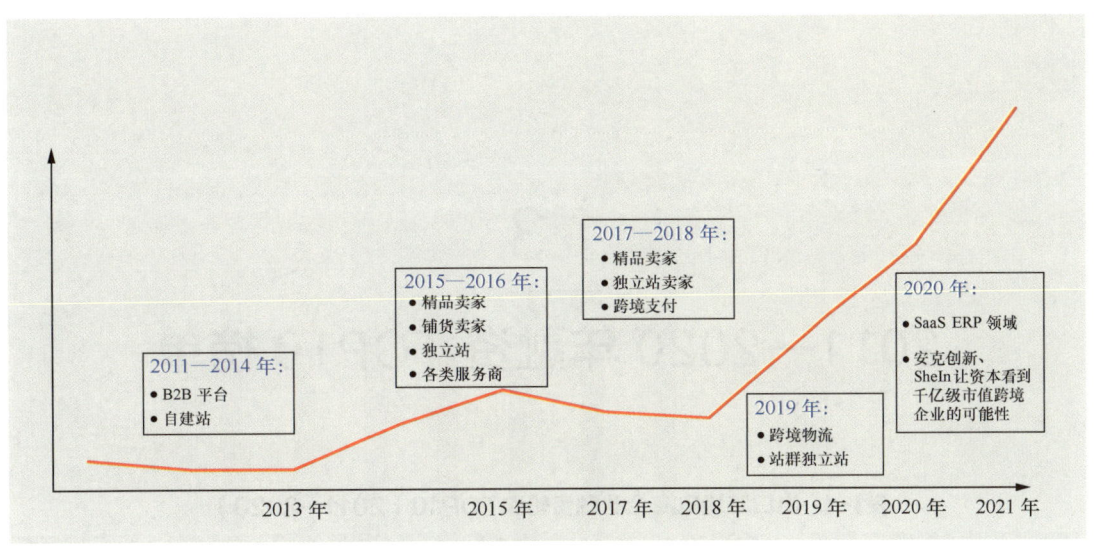

图1-6 跨境电商近10年融资趋势演变图

综合整个十年的大趋势来看，2011—2014年，B2B平台和自建站卖家受到资本的关注；2015—2016年，由于跨境电商各方力量纷纷上场，基础设施也逐渐完善，再加上新三板的加码，各类卖家、独立站、各类服务商都拿到了融资，但金额并不高；2017—2018年，伴随着铺货转精品的趋势，卖家更易获得资本的青睐，同时新兴市场独立站卖家、跨境支付领域都是投资热点；2019年，以纵腾为首的跨境物流企业，以及站群独立站凭借短期内超强的盈利能力，被资本追捧。

2020年，以易仓科技为代表的SaaS领域，资本争夺战打得最为激烈。同时，安克创新独立IPO上市，让整个行业信心倍增，SheIn也让资本和行业看到了千亿级跨境电商企业的可能性。可以预见的是，跨境电商在资本的助力下将迎来全面爆发期：①资本加码下，强者愈强，头部效应凸显，竞争更加激烈；②各垂直领域下处于一、二阵营的跨境电商企业，也会备受资本关注。

1.3
2011—2020年融资 TOP10 榜单

表1-1 出口跨境电商企业融资轮次TOP10（2011—2020）

公司	轮数	主营业务
Airwallex空中云汇	7	全球跨境支付平台
SheIn领添科技	6	快时尚跨境电商
致欧科技	6	家居跨境电商
Jollychic执御	6	时尚B2C网站
运去哪	6	一站式国际物流服务平台
PingPong	6	为跨境电商提供整体支付解决方案
Club Factory	5	出口电商服务平台
纵腾集团	5	全球跨境电商基础设施服务商
Fordeal/哆啦科技	5	中东电商平台
运链	5	国际物流服务综合解决方案平台

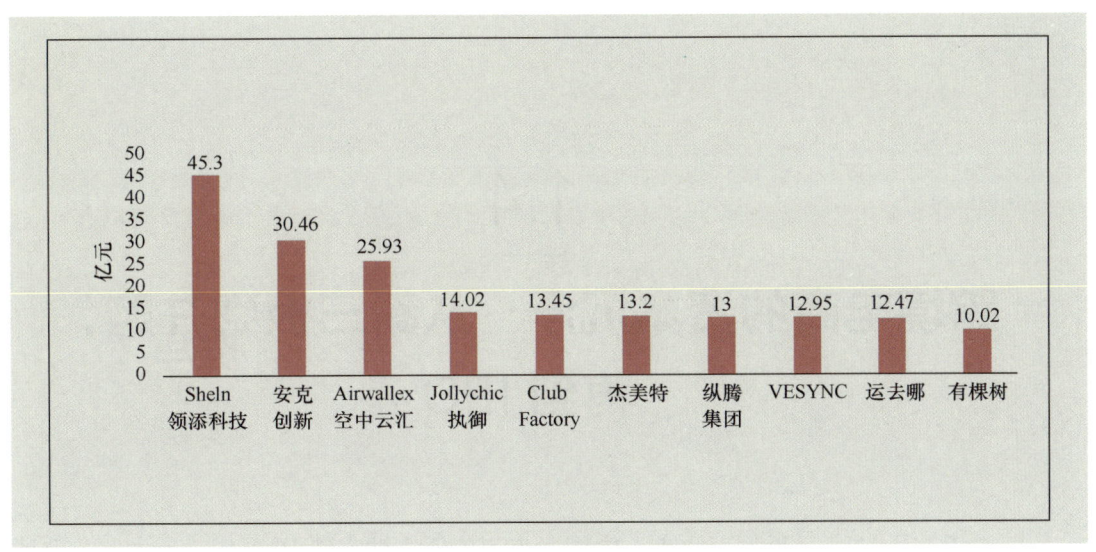

图1-7 出口跨境电商企业融资金额TOP10（2011—2020）

从数量分布来看，TOP10里的卖家和物流商的数量最多，各有3家。SheIn领添科技、致欧科技、Jollychic执御均融资了6轮，运去哪、纵腾集团、运链也都获得至少5轮融资。此外，电商平台、跨境支付服务商各有2家，其中Airwallex空中云汇融资7轮，成为近十年融资轮次最多的企业。轮次多意味着被资本长期看好，从结果来看，上述企业基本都已成为各自细分领域的龙头。

但从金额来看，TOP10的企业中有6家是跨境电商卖家，其中3家在2020年实现IPO上市。SheIn凭借多轮高额融资，成为近十年跨境电商融资TOP1，共约融资45.3亿元，安克创新凭借2020年IPO募资27.19亿元排在第二，Airwallex空中云汇7轮共融资25.93亿元，排名第三。

值得一提的是，不少融资轮次榜单的企业并未进入金额榜单，原因在于：①有些企业未披露金额，如致欧科技；②有些专注细分领域的跨境电商企业，其服务边界及潜力有限，虽然轮次多，但金额不高；③几家上市企业，IPO融资金额较大。

1.4
跨境电商的资本沉浮：从新三板到并购，再到 IPO

2015年6月12日，星期五收市，中国股市市值历史性突破10万亿美元大关，上证指数创下近10年高点5178.19点。

同一天，百圆裤业正式更名为跨境通，宣告借壳的完成，成为第一家登陆A股市场的跨境电商企业。

2020年8月24日，安克创新挂牌上市，成为创业板注册制首批上市的18家企业之一，也是第一家IPO上市的跨境电商企业。

作为近十年才逐渐兴起的年轻行业，跨境电商的发展一直与国内证券市场的变革紧密相关。不过，为了寻求资本市场的认可，跨境电商却走过了很长的路。

这几年，资本逐渐关注到跨境电商行业。某种程度来说，资本促进了产业发展，但也有企业在追逐资本的路上，迷失了自我。

资本市场初体验——新三板

2015年3月，A股开启"杠杆牛市"模式，沪深两市单日成交额一再被刷新，各项指数也不断攀升。乐视网正是在这波牛市中，从几十亿元市值一路飙升至最高时的将近2000亿元。

巨大的财富效应激发了民众的炒股热情，从各大证券营业部门口排队的大爷大妈就能明显感知，人们茶余饭后的话题也几乎离不开股票又涨了多少。

但老话说，物极必反。因受到场内外配资清理的影响，上证综指在接下来两个多月的时间之内下挫45%，往年难得一见的千股跌停一再重演。

进入2016年，四天四次触发熔断成为压倒骆驼的最后一根稻草。

A股刚刚经历冲破大跌阴霾，暂停新股发行、投资者信心不足、股市炒作乱象突出等诸多问题亟待解决。

彼时，跨境电商行业正处于高速发展的时代。特别是出口电商，根据中国电子商务研究中心及国家统计局数据，中国出口跨境电商交易规模由2011年的1.55万亿元增长至2016年的5.5万亿元，复合增长率达到28.77%。

行业的"全力奔跑"必然会增加资金的需求。特别是出口电商，由于大多卖家需要事先囤货，同时还须面对跨境结算的问题，整个账期通常要两三个月。虽然大部分卖家利润数据不错，但一看现金流，往往是净流出。

以有棵树为例，其2015年和2016年净利润分别为0.65亿元和1.05亿元。而同期，公司的经营性现金流均为净流出3.52亿元。

但是，跨境电商企业想要上市谈何容易。一方面，野蛮生长的跨境电商企业在合规性上存在诸多历史遗留问题；另一方面，IPO太慢了。最高峰时接近900家企业在排队IPO，动辄3年才能上市。对于正"全力奔跑"的跨境电商，实在是耗不起。

而由于缺乏合适的退出渠道，PE/VC在投资跨境电商时也不得不掂量掂量。IPO堰塞湖成为证监会和跨境电商共同面对的难题，他们的答案是新三板。

自诞生以来，新三板就承载着解决中小企业融资难的历史使命。有专家认为："解决IPO堰塞湖的路子越来越宽，不仅沪深两所，还可以去三板等。""新三板既要有苗圃功能，又要发挥土壤功能。"

数据统计，新三板在2016年新增5034家企业，挂牌总数较前一年接近翻了一倍，其中就包括不少跨境电商企业。

如今大家耳熟能详的大卖家，包括有棵树、安克创新、赛维电商、傲基、价之链等都曾有过一段新三板岁月，且挂牌时间集中在2015年下半年至2016年期间。

挂牌的意图也很明显——融资。有棵树融了3.9亿元，傲基融了3.52亿元，那时还叫海翼股份的安克创新融了4.17亿元。

他们所募资金大多用于仓储和物流等基础设施建设，完善产业链条；或是用于项目研发投入，提升品牌竞争力。

而资本的加持对于规模的扩张效果显著。新三板时期，有棵树出口电商的营收规模由 6.2 亿元增长为 14.06 亿元，增幅 126.77%；傲基由 9.11 亿元增长为 37.37 亿元，增幅 310.20%；安克创新由 25.26 亿元增长为 39.12 亿元，增幅 54.87%。

新三板成为跨境电商企业最初的资本土壤。本以为这会是个两情相悦的美好结局，但就跟情侣一样，如果一方的进步速度跟不上另外一方，分手或许只是早晚的事情，终究是错付了。

逃离新三板，被并购还是 IPO

与蒸蒸日上的跨境电商行业对比，新三板却每况愈下。尽管多项存量改革落地，但市场预期的增量改革却并没有实现。

受 A 股影响，三板做市指数在 2015 年也到达历史高点 2673.17 点，但随后一路跌破 2000 点、1000 点、900 点、800 点，最低跌至 706.67 点。

成交量越来越寡淡，安克创新在新三板时期的总交易额甚至还不如其在创业板上单日的交易额。

没有成交，意味着先前投资进来的机构少了一条退出渠道，只能期待有接盘侠接盘，但是谁又愿意当冤大头？

对于跨境电商企业来说，行业还在继续发展，资金的缺口并没有变小，且面对机构退出期限临近的压力，与其坐以待毙，不如主动出击。

据不完全统计，2017 年后从新三板摘牌的跨境电商企业包括安克创新、有棵树、傲基电商、赛维电商、价之链、三态股份、万方网络、爱淘城、安致股份。

摆在他们前面的就三条路，要么被并购，要么学跨境通去借壳，要么直接去 IPO。显然，被并购是最简单的那一条。并且，当时很多面临转型的传统企业十分乐意收购业绩还不错的跨境电商企业。

最终，有棵树和价之链成功嫁入豪门。其中，价之链作价 16.92 亿元被浔兴股份收购；有棵树以 34 亿元"卖身"天泽信息。

不过，嫁入豪门终归是有代价的。

其一，价钱不高。以有棵树为例，其在新三板最后一次融资的估值为 28.09 亿元，也就是溢价 21.04%。而 2017 年，在被 A 股上市收购 50% 以上股份的 39 家新三板公司中，平均溢价率达到 165.95%。

其二，高额对赌。有棵树被天泽信息收购，承诺在 2018 年、2019 年和 2020 年净利润分别不低于 2.6 亿元、3.3 亿元、4.1 亿元，3 年累计承诺净利润不低于 10 亿元。要知道，有棵树 2017 年的净利润才 1.6 亿元。价之链也承诺 2017 年、2018 年、2019 年净利润不低于 1 亿元、1.6 亿元、2.5 亿元，累计承诺净利润数不低于 5.1 亿元。

降低身段，一心求买，侧面反映它们多么渴望更高层次的资本市场，但对赌有风险，承诺须谨慎。

如有棵树，2018 年、2019 年、2020 年分别实现净利润 2.6 亿元、2.96 亿元、4.16 亿元，距离目标业绩差距不大。有棵树创始人肖四清更是在 2020 年 6 月 "反客为主"，成为天泽信息的控股股东和实际控制人。

但另外一家就没这么幸运。价之链 2017 年净利润为 9686.96 万元，未完成业绩承诺，2018 年亏损 7589.42 万元，经营状况持续恶化。最终，价之链创始人被浔兴股份索赔 10 亿元。多提一句，价之链在 2020 年上半年扭亏为盈了。

除了这两家，傲基和安克创新选择了漫长且充满不确定性的 IPO。

当然，还是有一些跨境电商选择留在了新三板，如百事泰、择尚科技、遨森电商。但是从体量上来看，留在新三板的他们营收规模大多还在 10 亿元左右徘徊，而环球易购、帕拓逊、有棵树、安克创新、泽宝、通拓这些在更高舞台上的卖家，已经开始向着 50 亿元甚至百亿元进阶。

并非过分夸大资本的作用，确实，当行业发展到一定阶段，资本会成为推动企业发展的最大动力。

疫情逆袭，注册制成快速通道

虽说 IPO 实现了常态化，但这并不代表新股 IPO 就能够简单放行。2018 年拿到 IPO 批文的企业仅有 2017 年的四分之一。IPO 过会的高门槛和高否决率，让众多企业纷纷选择主动撤送上会材料。

2019 年，中国证监会开始实行注册制。相比起核准制，注册制在硬件条件上有所放松，发行人成本更低、上市效率更高，但必须符合更严格的信息披露要求。

表1-2 注册制与核准制的区别

制度类型	注册制	核准制
上市效率	较高	较低
公司定价	在法律框架下，由市场决定	在法律、政策监管辅助下，由市场主导
资本市场背景	投资者相对成熟	投资者经验较少
上市门槛	较低	较高
上市企业特征	各种符合规定的企业，包括成熟及成长型企业	主要为成熟企业
发行审核	形式性审核为主	实质性审核为主
制度背景	资本市场较为完善	资本市场制度尚在发展

首先是推进科创板的设立。2019年6月13日，科创板正式开板，7月22日，科创板首批公司上市。傲基也于9月12日获得科创板IPO受理，并于10月16日进入问询阶段。

但在2020年4月30日，傲基主动撤单，首次IPO折戟。几个月后，傲基再次进入上市辅导阶段，继续向IPO冲击。

除了科创板的注册制，还大力推动创业板注册制的试点。

2020年6月12日，中国证监会发布了《创业板首次公开发行股票注册管理办法（试行）》《创业板上市公司证券发行注册管理办法（试行）》《创业板上市公司持续监管办法（试行）》和《证券发行上市保荐业务管理办法》，自公布之日起施行。

仅仅两个多月后，从新三板离开近两年的安克创新成为创业板注册制首批上市的18家企业之一，也是第一家IPO上市的跨境电商企业。

不仅如此，安克创新还是18家企业中募资额和超募最多的企业，原计划募资15.60亿元，但最终实际募资27.19亿元。这代表了市场对于安克创新的认可以及对于跨境电商行业的认可。

与早先通过被并购登陆A股的卖家相比，IPO虽然周期拉长，不确定性更大，但能够一次性募集到大量资金，且无须经历资产重组、人员调整的阵痛。

2020年8月24日，安克创新上市首日，股价较发行价暴涨121.4%，市值几乎触及600亿元，上位跨境电商上市公司一哥。

当然，不得不提 2020 年突发的新冠肺炎疫情。在大部分行业受挫的情况下，跨境电商反而逆势大增，让市场对该行业有了新的认识。

从数据来看，2020 年，有棵树营收同比增长 20.16%、遨森电商同比增长 109.79%、泽宝同比增长 68.57%、通拓同比增长 42.90%。当初被收购的通拓、有棵树、泽宝，早已成为母公司的支柱业务。

而随着注册制的开放，意味着 PE/VC 不用再担心退出渠道的问题，不少国内头部的投资机构纷纷进场。除了卖家，第三方服务商也成为资本关注的对象。

2020 年 7 月，纵腾宣布获得由泰康人寿领投的 C1 轮 5 亿元融资，这是继过去 2 年纵腾累计融资超 10 亿元之后，近年来中国跨境物流领域最大的单笔融资之一。

2020 年 9 月，集装箱卡车运输服务平台鸭嘴兽与成立仅仅 3 年的出口电商斯达领科相继完成 3000 万美元及约 3 亿元人民币的融资，投资人中不乏顺为资本、红杉资本等明星机构。2021 年 3 月，鸭嘴兽又完成新一轮总额为 5000 万美元的融资。

回顾这些年的历程，资本市场的变革及完善给了优秀的跨境电商企业更大的舞台，并借此吸引到更多的资本入场。对于行业来说，短期内会产生一定的泡沫，但长远来看，肯定是利大于弊，驱动行业走向成熟和繁荣。

不管是卖家还是服务商，大量资本入场意味着行业加速洗牌。拿到融资的企业可以去整合上下游供应链，也能去建设基础设施，或是强化品牌塑造。规模效应将会逐渐凸显，头部优势会越来越大。

不过，话说回来，资本不是万能药，打铁还需自身硬。资本也不是慈善机构，对于企业来说，它是动力，也是压力。我们不只要看到迅速崛起的纵腾、安克创新、有棵树，也要看到几乎被资本反噬的价之链。

第 2 章　**卖家篇**
星星之火，可以燎原

2.1 跨境电商卖家十年融资清单

表2-1 跨境电商卖家十年融资总表

时间	公司名称	主营业务	轮次	金额	投资方
2020年					
12月18日	VESYNC	海外市场的小家电电商	IPO	15.51亿港元	高瓴资本等
11月24日	致欧科技	家居跨境电商	战略投资	未披露	百度
10月26日	万拓科创	消费电子类智能设备研发销售商	A轮	3亿元人民币	红杉资本中国基金
9月19日	斯达领科	互联网+跨境电商平台	A轮	3亿元人民币	红杉资本中国（领投）、天图投资、祥峰投资Vertex、灵犀资本、凌波资本（财务顾问）
8月31日	追觅科技	智能家居产品研发商	B+轮	1亿元人民币	IDG资本领投，小米、顺为资本、峰谷资本、青锐创投
8月24日	安克创新	USB充电器研发商	IPO	27.19亿元人民币	/
8月24日	杰美特	移动智能终端配件研发制造企业	IPO	13.2亿元人民币	/
8月4日	SheIn领添科技	快时尚跨境电商网站	E轮	亿元以上美元	未披露
8月3日	斯达领科	互联网+跨境电商平台	Pre-A轮	未披露	荐闻天下
7月30日	全速在线	快时尚出口跨境电商品牌	天使轮	3000万美元	今日资本（领投）、山行资本、红杉资本中国、高榕资本、五源资本（原晨兴资本）、IDG资本、天善资本
6月18日	厦门吉客印	跨境电商平台	战略投资	1.2亿元人民币	吉宏股份
5月23日	四衡网络	外贸跨境电商平台	A轮	未披露	深创投
3月30日	Urbanic	快时尚品牌	A+轮	1000万美元	复星锐正资本（领投）
2月20日	OrderPlus澳鹏网络	跨境电子商务公司	B轮	1亿元人民币	凯辉基金（领投）、星汉资本（财务顾问）

续表

时间	公司名称	主营业务	轮次	金额	投资方
2019年					
9月16日	SheIn领添科技	快时尚跨境电商网站	D轮	5亿美元	Tiger老虎基金(中国)（领投）、红杉资本中国、IDG资本
9月5日	OrderPlus澳鹏网络	跨境电子商务公司	A轮	未披露	九派创投
8月5日	Jollychic执御	跨境电商B2C品牌	C+轮	6500万美元	G42集团
4月1日	追觅科技	智能家居产品研发商	B轮	5000万元人民币	未披露
3月28日	易佰网络	全球商品贸易整合供应链服务商	A轮	数千万元人民币	晨晖资本
3月13日	斯达领科	互联网+跨境电商平台	天使轮	未披露	汇量投资
1月1日	致欧科技	家居跨境电商	C轮	亿元以上人民币	嘉御基金
2018年					
12月22日	Starmerx星商	综合型跨境电商	C轮	亿元以上人民币	时代伯乐（领投）、海尔资本、正海资本、正海资产
10月15日	致欧科技	家居跨境电商	B+轮	未披露	泽骞企业管理、语昂企业管理
7月7日	致欧科技	家居跨境电商	B轮	未披露	IDG资本
6月18日	全之脉	外贸电子商务B2C国际批发平台	C轮	7.8亿元人民币	升达林业
6月12日	睿搏集团	跨境电商综合服务类	天使轮	未披露	缝子资产
6月1日	SheIn领添科技	快时尚跨境电商网站	C轮	数千万美元	红杉资本中国、顺为资本
5月31日	有棵树	双向跨境电商	D轮	1.02亿元人民币	鼎晖投资
5月28日	Jollychic执御	跨境电商B2C品牌	C轮	亿元以上美元	红杉资本中国（领投）、君联资本、华金资本(力合股份)、鼎晖投资、平安创新投资基金、兰馨亚洲
5月16日	致欧科技	家居跨境电商	A轮	未披露	博时资本(博时基金)、安克创新
4月18日	Pat Pat	母婴出口电商平台	C轮	3亿元人民币	红杉资本中国、IDG资本、峰瑞资本、SIG海纳亚洲
2月14日	全之脉	外贸电子商务B2C国际批发平台	战略投资	未披露	云毅投资、杉杉创投、邦明资本、中汇金、君丰资本、九渊资本、西藏瞭望瀛海创业投资、君瑞投资、祥榕投资
1月15日	前海帕拓逊	海外营销与全程物流解决方案服务商	战略投资	2.7亿元人民币	跨境通
1月3日	致欧科技	家居跨境电商	天使轮	未披露	沐桥企业管理、科赢企业管理

续表

时间	公司名称	主营业务	轮次	金额	投资方
2017年					
12月5日	环金科技	跨境电商服务提供商	Pre-A轮	5000万元人民币	光华资本（领投）
12月1日	Starmerx星商	综合型跨境电商	B轮	1亿元人民币	海尔资本、九弦资本、大观资本、盈信国富、四方承宇、北广文资
11月30日	Pat Pat	母婴出口电商平台	B轮	未披露	SIG海纳亚洲
9月28日	踏浪者	快时尚跨境电商B2C网站	C轮	未披露	福泰投资、华益春天投资
9月6日	深圳波赛冬	户外用品渔具跨境电商	战略投资	500万元人民币	海翼股份（领投）
8月29日	赛维电商	外贸B2C电子商务运营商	战略投资	2.22亿元人民币	厦门鑫瑞集泰股权投资合伙企业（有限合伙）
8月9日	Jollychic执御	跨境电商B2C品牌	B轮	亿元以上人民币	达晨创投/达晨财智、鼎晖投资、坚果资本
5月27日	不木科技	跨境零售运营商	天使轮	数千万元人民币	韩都衣舍
5月20日	智干电商	智能家居、个护美妆跨境电商	天使轮	数百万元人民币	未披露
3月2日	踏浪者	快时尚跨境电商B2C网站	B轮	2亿元人民币	英飞尼迪Infinity（领投）、亚商资本、前海恒昇基金、华睿投资、考拉基金、云岫资本（财务顾问）
2016年					
12月13日	海翼电商	USB充电器研发商	A轮	3.27亿元人民币	IDG资本
10月31日	有棵树	双向跨境电商	C轮	4亿元人民币	方正和生投资、金石投资、盛世景投资、天星资本、继子资产、申万投资、华益资本
10月25日	Starmerx星商	综合型跨境电商	A轮	4500万元人民币	海尔资本、正海资产
9月28日	GRANA	面向消费者的在线时尚品牌	A轮	数千万元	凯辉基金、Integral雄厚资本、点亮资本
9月1日	Jollychic执御	跨境电商B2C品牌	Pre-B轮	2亿元人民币	富安娜（领投）、浙江富润股份、华睿投资
8月31日	伊始贸易	跨境贸易服务商	天使轮	数百万元人民币	海丰至诚
8月12日	OrderPlus澳鹏网络	跨境电子商务公司	天使轮	未披露	西安龙颖网络科技有限公司
8月10日	棒谷	跨境贸易B2C电商	战略投资	未披露	金石投资、向日葵投资

续表

时间	公司名称	主营业务	轮次	金额	投资方
8月3日	凿空信息	欧美女装跨境电商平台	天使轮	100万元人民币	快乐达
6月27日	赛维电商	外贸B2C电子商务运营商	B轮	数千万元人民币	广发信德、光照资本、坚果资本、琢石投资
3月16日	Tomtop通拓科技	跨境电商服务公司	A+轮	数千万元人民币	纵联资本
3月1日	价之链	提供跨境电商服务一体化解决方案	B轮	数千万元人民币	奇酷资产（领投）
2月28日	GRANA	面向消费者的在线时尚品牌	Pre-A轮	350万美元	MindWorks Ventures概念资本、Golden Gate Ventures、Bluebell Group
2015年					
12月28日	踏浪者	快时尚跨境电商B2C网站	A轮	6000万元人民币	九鼎投资（领投）、祥融财富
12月15日	前海帕拓逊	海外营销与全程物流解决方案服务商	A轮	3亿元人民币	跨境通
12月1日	懒熊跨境	跨境电商平台	天使轮	300万元人民币	未披露
12月1日	有棵树	双向跨境电商	B轮	4亿元人民币	汤臣倍健、璀璨资本、联创永宣、海通创新资本、缱子资产、联创好玩、建研科技
10月27日	全之脉	外贸电子商务B2C国际批发平台	B轮	未披露	东证资本、缱子资产、盛世景投资、易方达基金、无锡耘杉投资、汇丰大通、德清元古、祥风瑞标投资、泓创投资、今缘投资
10月22日	艾琳格瑞	专注B2C+F2C业务的贸易性电商公司	A轮	未披露	联想之星
9月24日	赛维电商	外贸B2C电子商务运营商	A轮	数千万元人民币	未披露
7月20日	Pat Pat	母婴出口电商平台	A轮	数百万美元	峰瑞资本、IDG资本
7月3日	万方网络	智能硬件跨境电商平台	天使轮	未披露	国海创新资本
7月2日	源兴发	主营3C、手机配件、服装饰品类等	天使轮	数百万元人民币	浩方创投
6月23日	百事泰	国际F2C跨境电商连锁企业	A轮	1000万元人民币	天星资本
6月11日	兰亭集势Lightinthebox	B2C跨境电商平台	战略投资	7000万美元	华兴资本（财务顾问）

续表

时间	公司名称	主营业务	轮次	金额	投资方
6月5日	SheIn领添科技	快时尚跨境电商网站	B轮	3亿元人民币	IDG资本、景林投资
5月30日	Jollychic执御	跨境电商B2C品牌	A轮	2250万元人民币	富安娜（领投）
5月12日	价之链	提供跨境电商服务一体化解决方案	A轮	7700万元人民币	未披露
5月6日	Tomtop通拓科技	跨境电商服务公司	A轮	9000万元人民币	百圆裤业
3月3日	傲基电商	外贸B2C电子商务运营	战略投资	650万元人民币	时代伯乐
2月9日	前海帕拓逊	海外营销与全程物流解决方案服务商	战略投资	1224万元人民币	未披露
1月12日	GRANA	面向消费者的在线时尚品牌	天使轮	600万美元	Golden Gate Ventures（领投）、MindWorks Ventures概念资本
1月3日	傲基电商	外贸B2C电子商务运营	A轮	3350万元人民币	时代伯乐
1月1日	有棵树	双向跨境电商	A轮	1亿元人民币	广发信德、海通创新资本、缦子资产
2014年					
12月29日	艾琳格瑞	专注B2C+F2C业务的贸易性电商公司	天使轮	未披露	联想之星
12月1日	Pat Pat	母婴出口电商平台	天使轮	数百万美元	IDG资本
11月12日	EachBuyer.com	外贸电子商务平台	B轮	未披露	联想创投集团、君联资本、兰馨亚洲
10月30日	万众凯旋	经营自主品牌的电子商务企业	A轮	未披露	深创投
9月1日	SheIn领添科技	快时尚跨境电商网站	A轮	500万美元	集富亚洲JAFCO（领投）、坚果资本
6月18日	赛维电商	外贸B2C电子商务运营商	天使轮	数百万元人民币	未披露
3月1日	侠特科技	外贸电子商务网站	A轮	数百万美元	IDG资本、源渡创投
1月27日	欧瑞思丹	致力于跨国电子商务零售业务	B轮	数千万美元	DCM中国
2013年					
8月1日	择尚科技	快时尚商品的跨境电子商务公司	A轮	500万元人民币	德骏资本
3月14日	Jollychic执御	跨境电商B2C品牌	天使轮	1500万元人民币	华睿投资（领投）

续表

时间	公司名称	主营业务	轮次	金额	投资方
1月7日	SheIn领添科技	快时尚跨境电商网站	天使轮	数百万元人民币	坚果资本、天泽投资
2012年					
12月4日	Milanoo米兰网	服饰外贸B2C运营商	B轮	数千万美元	盘古创富VANGOO、红杉资本中国
3月3日	傲基电商	外贸B2C电子商务运营	天使轮	3000万元人民币	深创投
2011年					
9月1日	侠特科技	外贸电子商务网站	天使轮	数百万元人民币	源渡创投
7月20日	环球易购	跨境B2C电子商务网站	A轮	5000万元人民币	深创投
4月1日	Milanoo米兰网	服饰外贸B2C运营商	A轮	1000万美元	红杉资本中国
1月13日	欧瑞思丹	致力于跨国电子商务零售业务	A轮	数百万美元	DCM中国、德同资本

上述融资名单中的卖家,按照不同的平台模式,分为平台卖家和独立站卖家。

平台卖家,即通过第三方跨境电商平台售卖商品的卖家,一般分为铺货卖家和精品卖家。

铺货卖家

铺货是跨境电商卖家常用运营方式之一,从SKU上看,SKU在1000到10 000个之间通常被认为是精铺型卖家,SKU大于10 000个通常被认为是泛铺卖家。从账号上看,目前铺货卖家销量仍然是以速卖通、eBay、亚马逊、wish四大平台为主;从员工管理上看,铺货卖家非常依赖规模效应,需要大量的销售人员,但跨境电商人力成本上涨,人才流失严重,这背后需要大量的人事、行政、财务等辅助岗位来做新人招聘、培训和工作交接。

铺货模式的优点在于上手容易,且不需要大量囤积产品,对资金的需要较少。卖家只需要用ERP系统采集国内电商平台的产品,经过筛选修改后上传到店铺销售。不过铺货模式的缺点也很明显:铺货模式的店铺产品比较杂乱,定位风格混乱,难以形成客户群体沉淀,同时无库存产品对供应商的时效要求比较高。从长远来看,核心竞争力较差。

精品卖家

精品卖家的 SKU 一般少于 1000 个，据易仓科技调研数据，2019 年精品卖家平均每个 SKU 每年能到达 13.1 万的产能；从账号上看，精品卖家平均每个销售运营的账号 2.45 个，主要做亚马逊；从员工管理上看，精品卖家的销售产能很高，想要横向扩张，除了好产品和资金，还需要一个稳定的团队，来保证运营和供应链的稳定。

相比较铺货模式，精品模式需要投入大量资金进行海外仓备货，还要具备精细化的运营技巧，但精品模式的利润空间更大。

独立站卖家

顾名思义，就是脱离第三方跨境电商平台束缚，拥有一个属于自己的电商平台。

相比较平台卖家，独立站卖家不受平台政策的影响，具有更大营销推广自主权，更容易做好客户黏性，有助于店铺品牌的树立。

独立站并不是一个新事物，早在十几年前，就有兰亭集势、DX 一批独立站卖家。但彼时做独立站门槛较高，需要一定技术要求。直到 Shopify 等建站平台的普及，独立站才又在近些年逐渐火起来，但需要具备强营销能力。不过，独立站卖家的生死被 Facebook 等流量平台所束缚。

2.2 不同模式卖家的资本青睐度

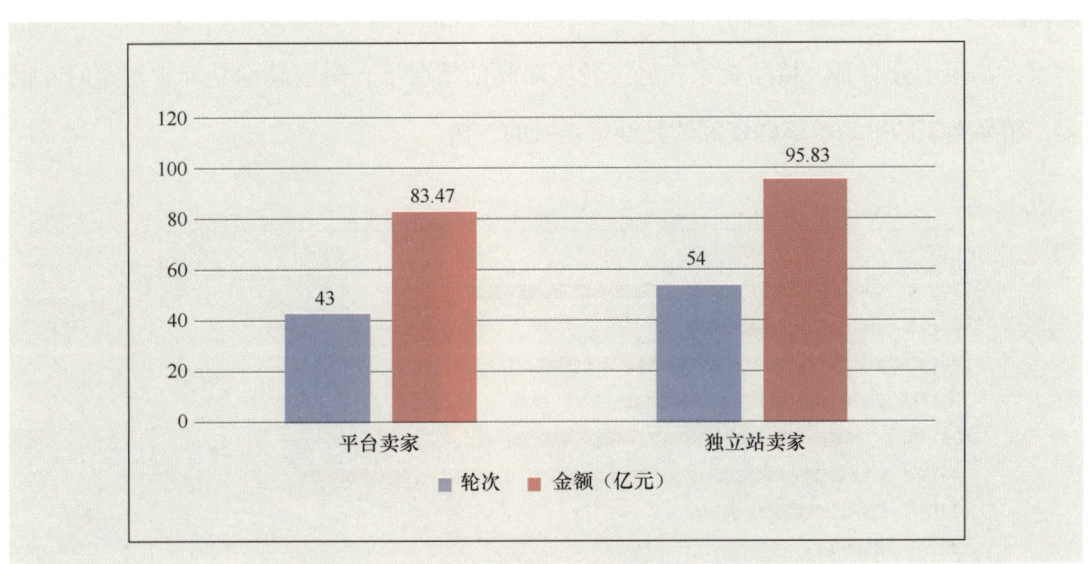

图2-1 平台卖家与独立站卖家融资轮次和金额分布

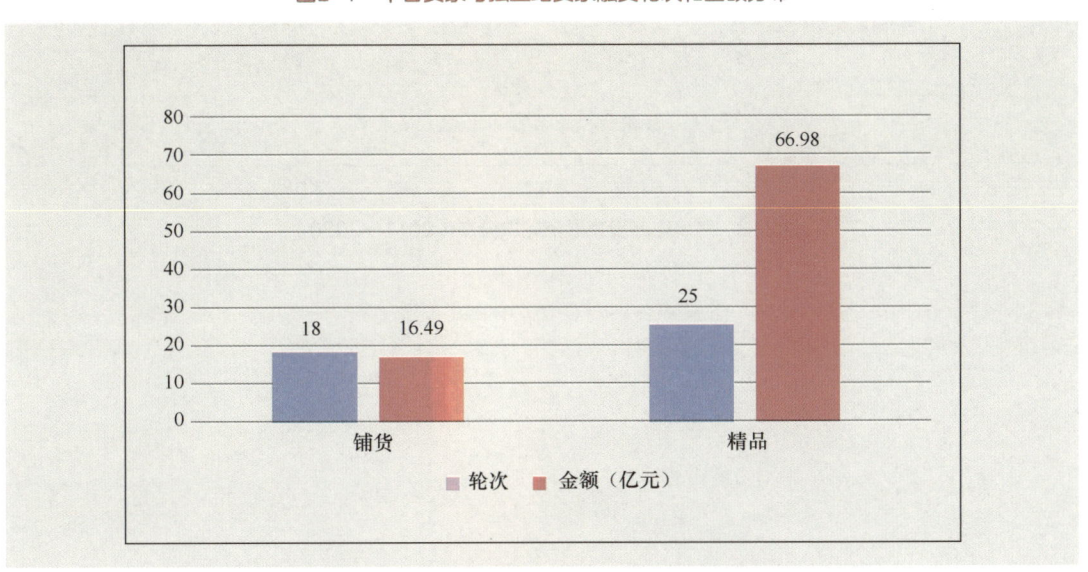

图2-2 铺货卖家与精品卖家融资轮次和金额分布

2011—2020年，跨境电商卖家企业披露的融资事件总共97起，平台卖家43起（铺货卖家18起，精品卖家25起），独立站卖家54起。

金额方面，平台卖家共融资83.47亿元，其中铺货卖家融资16.49亿元，精品卖家融资66.98亿元；独立站卖家共融资95.83亿元。粗略估算，平台卖家单笔融资约1.94亿元（铺货卖家单笔融资约0.92亿元，精品卖家单笔融资约2.68亿元），独立站卖家单笔融资约1.77亿元。

对比平台卖家与独立站卖家，平台卖家融资轮次略少，但平均单笔融资额度更高；独立站融资轮次和融资总额更高，但是平均单笔融资额低一些。细分到不同运营模式的平台卖家，差距十分明显。精品卖家在融资轮次略高的情况下，融资总额是铺货卖家的4倍多，精品卖家的平均单笔融资额约是铺货卖家的3倍。

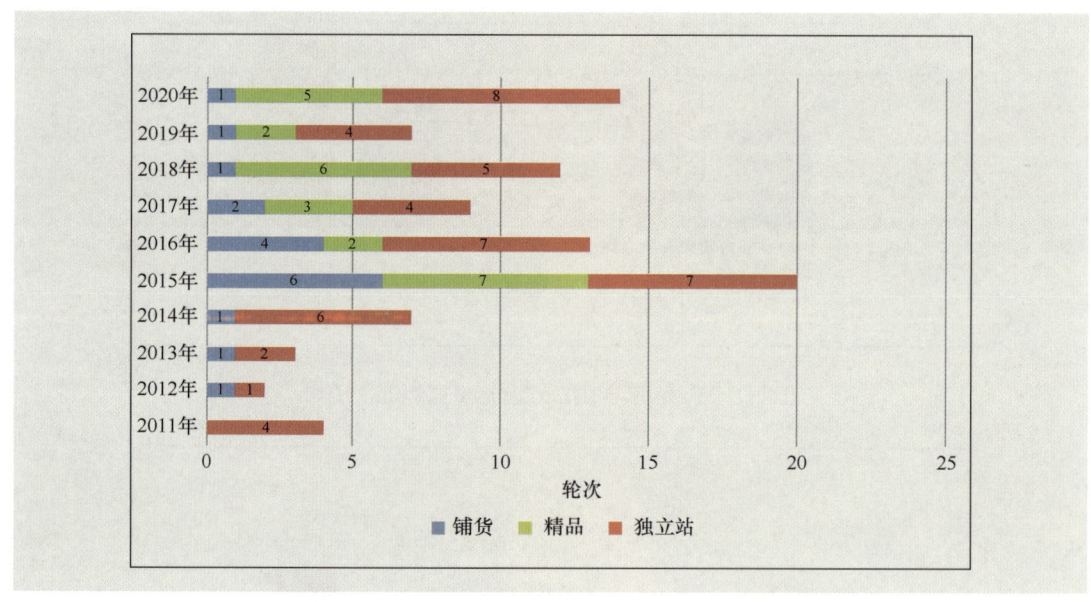

图2-3 跨境电商卖家融资轮次分布（2011—2020）

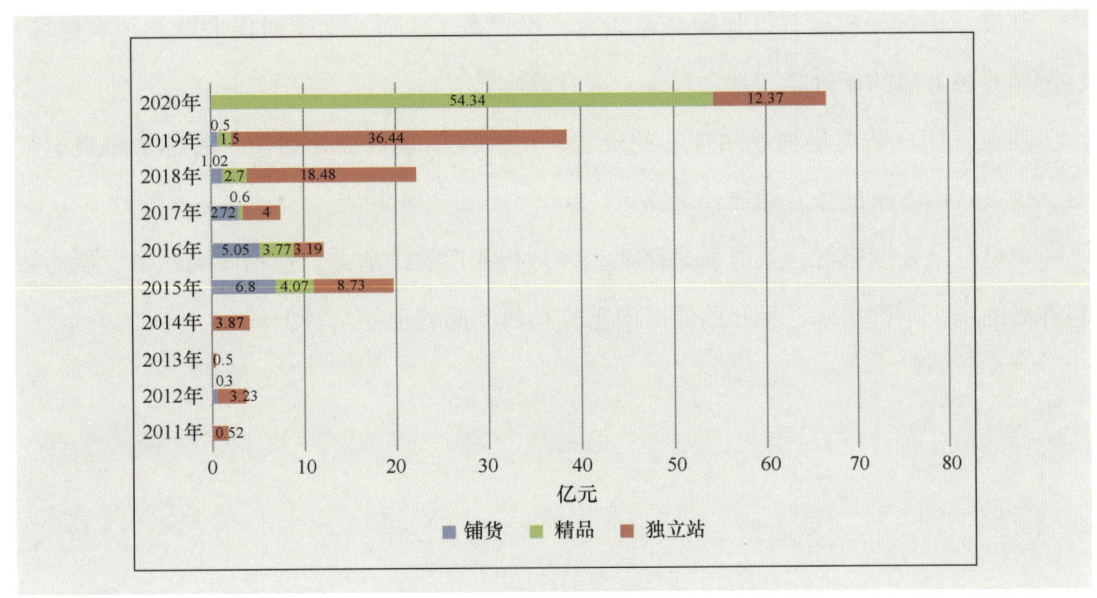

图2-4 跨境电商卖家融资金额分布（2011—2020）

同时，从跨境电商卖家融资轮次来看，在跨境电商的早期摸索阶段，资本的注意力基本都集中在独立站卖家，其中以Milanoo米兰网、Jollychic执御、SheIn领添科技为代表。现在回过头来看，十年前优秀的独立站卖家已经形成可持续的商业模式。

2015年之后，平台铺货模式的赚钱能力开始显现，以傲基、通拓、有棵树为代表的铺货卖家先后获得融资；与此同时，安克创新、价之链等精品卖家也逐渐崭露头角，每年都有一定数量的精品卖家获得融资。

整体来说，独立站卖家不管是从数量还是从金额，都是最受资本青睐的；相反，铺货卖家2015年迎来一波融资高峰后就每况愈下，平台铺货卖家在融资层面处于最底层。

由此看来，从投资机构的角度，精品卖家的高质量产品、高客单价、高用户黏度，更具投资价值。相较之下，铺货卖家虽然盈利能力并不比精品卖家和独立站卖家差，但铺货的低门槛、易复制，难以建立"护城河"，如果没有建立起核心类目优势，大部分铺货卖家不是投资机构的首选标的。

同时，独立站卖家中站群模式卖家例如澳鹏网络、斯达领科能够在2019—2020年先后获得融资，主要原因在于以下几点。

其一，站群模式一旦测到爆款极易上规模，回报周期短且大。

其二，流量导向具有极强的获客能力，用户多了之后，卖家对供应链端、支付端、物流端等各方面的议价能力都会增强，提升成本效益。

其三，用户数据是独立站核心的资源，可为发展垂直细分品类、品牌之路奠定基础，这是资本看重的独立站成长之路。

不过，从长期来看，站群模式存在诸多被行业诟病的地方，包括澳鹏网络、斯达领科在内的不少站群卖家已经开始尝试向垂直类目、品牌独立站转型。

2.3 跨境电商卖家模式变迁之旅

对于卖家经营模式的变迁，这十年我们能看到的明显趋势是：为了建立更高的竞争壁垒，大量铺货卖家向精品卖家转型，开始注重品牌的塑造；与此同时，平台卖家开始布局独立站，以获得更大的经营自主权；而一些原本专注于独立站的卖家，开始拓展平台业务。

傲基是典型的铺货转型精品、品牌的卖家。早期的傲基是行业内铺货大卖，其2018年半年报显示，当时 SKU 数量超过 60 万个。不过，傲基很早就开始了品牌化布局，通过加大自主品牌建设力度，建立品牌孵化部门，打造跨境品牌产业生态链。

如今，傲基在 3C 数码、电动工具、智能家电、家居及大健康品类等领域打造了 Aukey、Tacklife、Aicok、Homfa 和 Naipo 等知名品牌。其中，Aukey 品牌连续两年被 WPP 与 Google 联合认定为"中国出海品牌 50 强"。

棒谷则是平台卖家拓展独立站的代表。早些年，棒谷主要深耕 eBay、Amazon、AliExpress、Wish、Newegg 等平台。2009 年开始，棒谷主力运营独立站 Banggood。除了 Banggood 以外，棒谷旗下自营平台还有 Newchic、Yoins。有消息称，棒谷 2019 年销售额已经突破 100 亿元。

而有些卖家正好反过来，先在独立站做出一定成绩后，转而拓展平台业务，比如 PatPat 和 SheIn。

以 PatPat 为例，作为中国最大的母婴产品出口电商网站之一，PatPat 通过独立站模式，并利用 Facebook 等社交渠道建立产品分享社群"妈妈团"，在欧美市场站稳脚跟。

而为了进一步拓展东南亚等新兴市场，PatPat 选择了入驻 Lazada。相比起在新市场从零开始树立一个品牌形象，借助 Lazada 在东南亚的影响力，显然是一个更快捷有效的方式。

公开数据显示，2020 年"双十一"活动期间，PatPat 在东南亚电商平台 Lazada 的 GMV 达到 6000 万元。

卖家模式变迁的背后，一方面，精品模式已是大势所趋，以铺货为主的平台和铺货卖家需要寻找到适合的发展路径，或许国内电商巨头拼多多能给大家带来更多的思考。另一方面，跨境电商正呈现出"两极"的较量——平台和独立站的较量。例如，2020 年快速成长起来的 Shopify，虽然不会直接与以亚马逊为首的平台形成竞对关系，但 Shopify 正在挑战第三方电商平台的市场份额。

2.4 跨境电商卖家融资TOP10榜单及融资前后业绩变化

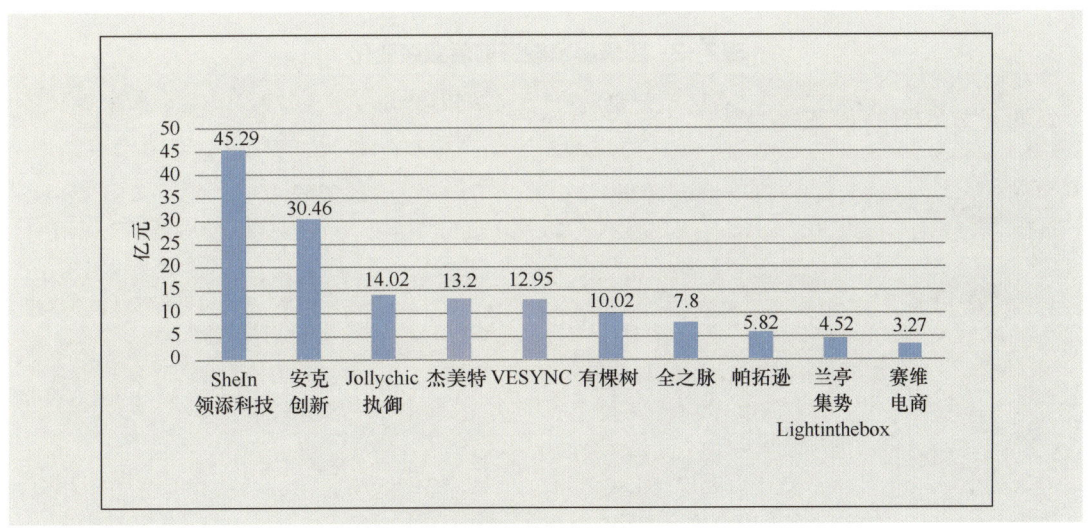

图2-5 跨境电商卖家融资金融TOP10

从融资榜单看，共有6家卖家企业在2011—2020年融资额超过10亿元。其中，SheIn领添科技在2011—2020年完成6轮融资，融资金额约45.29亿元，成为近十年融资额最多的卖家企业。

作为国内跨境电商的佼佼者，SheIn集设计、生产和销售为一体，产品主要是女性快时尚，以高周转、快交付、高性价比著称。在生产供应端，SheIn依托国内完整的服装产业链，搭建了一条高效、通达全球的服装供应链，工厂订单最快交付时间为7天，而快时尚巨头Zara最快也要14天；在销售端，SheIn没有线下店，完全依靠自建电商渠道，最低生产批量可以低至100件，而Zara要至少500件，SheIn对需求的判断更快、销售成本更低。

TOP10融资金额的企业中，安克创新、杰美特、有棵树、帕拓逊已登陆A股市场，VESYNC 2020年在港股上市，兰亭集势Lightinthebox早在2013年就在纽交所挂牌。另外，赛维电商目前已提交 IPO 申请，SheIn 据称也有上市计划。值得一提的是，同样获得 6 轮融资的致欧科技，由于未披露融资金额未上榜 TOP10，也已于 2020 年 10 月提交 IPO 申请。

作为拓展新兴市场的卖家代表，Jollychic 执御在近 10 年也融了 6 轮，约融资 14.02 亿元。这意味着不只是欧美地区的大卖家会被资本关注到，小语种地区的头部卖家同样受资本青睐。

纵观跨境电商卖家近十年的融资 TOP 榜单，大多上榜的卖家都拥有着强有力的供应链管理能力。正所谓，"得供应链者得天下"，不管是 SheIn 的高效服装产业链，还是安克创新的核心研发技术，都是行业的标杆。卓越的供应链管理，意味着其商品在时效、成本方面更具竞争力。

表2-2 跨境卖家融资前后业绩变化

公司	融资日期	轮次/金额	营业收入（当期）	净利润（当期）	营业收入（次年）	净利润（次年）
择尚科技	2013-8-1	A轮/500万元人民币	1991.39万元人民币	71.67万元人民币	2352.45万元人民币	-218.96万元人民币
赛维电商	2014-6-18	天使轮/数百万元人民币	2482.75万元人民币	-1386.85万元人民币	61424.36万元人民币	1895.62万元人民币
	2015-9-24	A轮/数千万元人民币	6.14亿元人民币	1895.62万元人民币	14.80亿元人民币	3877.21万元人民币
	2016-6-27	B轮/数千万元人民币	14.80亿元人民币	3877.21万元人民币	8.49亿元人民币（2017上）	1682.90万元人民币（2017上）
有棵树	2015-1-1	A轮/1亿元人民币	2.33亿元人民币（2014）	352.61万元人民币（2014）	10.79亿元人民币（2015）	6486.72万元人民币（2015）
	2015-12-1	B轮/4亿元人民币	10.79亿元人民币	6486.72万元人民币	14.99亿元人民币	7483.40万元人民币
	2016-10-31	C轮/4亿元人民币	14.99亿元人民币	7483.40万元人民币	23.48亿元人民币	1.67亿元人民币
	2018-5-31	D轮/1.02亿元人民币	34.40亿元人民币	2.67亿元人民币	31.21亿元人民币（4—12月）	2.96亿元人民币（4—12月）
傲基电商	2015-1-3	A轮/3350万元人民币	4.77亿元人民币（2014）	529.45万元人民币（2014）	9.11亿元人民币（2015）	1756.00万元人民币（2015）

续表

公司	融资日期	轮次/金额	营业收入（当期）	净利润（当期）	营业收入（次年）	净利润（次年）
傲基电商	2015-3-3	战略投资/6500万元人民币	9.11亿元人民币	1756.00万元人民币	22.18亿元人民币	12 894.46万元人民币
价之链	2015-5-12	A轮/7700万元人民币	1.37亿元人民币	875.76万元人民币	4.57亿元人民币	5479.40万元人民币
价之链	2016-3-1	B轮/数千万元人民币	4.57亿元人民币	5479.40万元人民币	8.68亿元人民币	9686.96万元人民币
兰亭集势	2015-6-11	战略投资/7000万美元	3.238亿美元	-3941万美元	2.925亿美元	-872.3万美元
百事泰	2015-6-23	A轮/1000万元人民币	1.57亿元人民币	2106.45万元人民币	2.52亿元人民币	1162.32万元人民币
万方网络	2015-7-3	天使轮/未披露	2.53亿元人民币	-7046.31万元人民币	2.80亿元人民币	849.25万元人民币
海翼电商	2016-12-13	A轮/3.27亿元人民币	25.26亿元人民币	33 541.72万元人民币	39.12亿元人民币	36 059.04万元人民币

我们常说，资本是一把双刃剑，用好了能披荆斩棘，用不好会反噬企业。由于不少卖家曾经在新三板挂牌，因此，能够得知部分卖家融资前的营业规模，同时也能观察到卖家融资后在业绩上发生的变化。

在跨境电商行业发展早期，相较于利润，资本在选择投资标的时更多关注的是营收规模。比如赛维电商、兰亭集势、万方网络等卖家，融资前甚至还处于亏损状态。基本上来说，早期的卖家第一次融资时年营收规模至少是2000万元以上；如果是融资过千万元，营收规模至少上亿元。

成长性方面，大部分卖家在拿到融资之后，营收和利润都能得到跨越式的发展。比如，赛维电商天使轮之后营收规模较前一年增长2374.05%；有棵树A轮后营收规模较前一年增长363.09%，利润增长1739.63%；傲基A轮后营收规模较前一年增长90.99%，净利润增长231.66%。

成长性不错的公司大多获得了资本的追加投资，而增长幅度较小的公司，后续获得追加投资的可能性较小。比如赛维电商天使轮时营收刚刚过2000万元，两年后B轮融资时，营收已经接近 15 亿元；有棵树 A 轮融资时，营收 2.33 亿元，D 轮融资时，营收达到 34.4 亿元，增长了接近 15 倍。

值得注意的是，因为过于激进而被资本反噬的案例也不少。比如价之链，早在 2015 年 A 轮就拿到 7700 万元 A 轮融资，但在被浔兴股份以 10.1 亿元收购 65% 股权后，创始人未能在 2017—2019 年兑现 1 亿元、1.6 亿元、2.5 亿元的业绩承诺，最终被浔兴股份索赔 10 亿元。

2.5 进击的跨境电商卖家与传统品牌出海

2020年8月24日,安克创新(300866)正式在深交所创业板挂牌上市,成为创业板注册制首批上市的18家企业之一,也是国内第一家独立上市的跨境电商企业。原计划募资15.60亿元,最终实际募资27.19亿元。

安克创新的上市让整个行业沸腾,资本方更是摩拳擦掌,跨境电商越发蓬勃。而基于雄厚的供应链基础,中国制造品牌在技术力、产品力与海外品牌差距越来越小,越来越多的国内品牌将眼光投向海外市场。

从产品出海到品牌出海

20世纪90年代开始,中国逐渐成为全球家电的生产车间,其中大多数为厂家贴牌。世界500强的家电企业中,有近95%曾经在中国进行过贴牌生产。2000年以后,国产手机、国产家居品牌的出海,也都依赖贴牌模式。

依靠成本优势和坚挺的供应链,中国生产的消费品成功占据了大量海外市场份额。但也正是因为供应链的强势,早年的中国企业似乎形成了路径依赖,更多是赚着辛苦钱,缺少品牌带来的附加值。

随着国内加工制造的体量壮大、工艺完善,中国企业逐渐打通了从设计到生产再到贴牌的路径,从OEM(代工贴牌)走向ODM(设计制造)。而海尔、联想等大品牌则开始通过线下分销渠道在东南亚销售自主品牌。

2010年前后,跨境电商兴起。一方面,不少企业开始依靠信息差来倒卖商品,另一方面,以安克创新、SheIn为代表的企业,开始向海外输出自主设计的产品,并逐步树立起品牌形象。

但近几年,越来越多铺货卖家意识到铺货模式的局限性,开始有意打造自己的品牌。不少本土品牌面对竞争激烈的国内市场，也在尝试将产品卖向海外。此外，还有不少后起之秀从成立之初就瞄准海外，以全球品牌为定位规划自身的发展路径。

中国企业开始走上了从产品出海到品牌出海，从赚加工辛苦钱到赚品牌溢价的路上。与此同时，在一众大品牌的带领下，中国制造逐渐形成了中国品牌的认知。

根据全球领先的市场研究机构益普索 Ipsos 数据显示，有71%的消费者认为中国品牌非常重要，69%的消费者认为中国品牌的发展未来可期。

相比较海外品牌，中国品牌先天更加贴近供应端。中国供应链所能做到的不仅是生产，还能根据市场需求快速迭代，实现精细化高品质生产。

中国品牌的核心竞争力是供应链，决定上限的则是品牌力，二者是中国企业出海的破局点。

当然，只有强大的供应链，才能支撑起品牌力。近年最热门的消费电子、服装快消、家居家电等，无不是国内最成熟的优势品类。

有业内人士预测，未来3~5年是中国品牌出海的历史性窗口。进入2021年，中国品牌大规模出海的良好局面已经初步形成。

传统企业出海道阻且长

目前比较成功的出海品牌一般有几种打法。

首先如华为，依靠"农村包围城市"的出海战略，华为先是在发展中国家大力铺设基础设施，并坚持每年将10%以上的销售收入投入研究与开发，逐步积累起自身的科技实力。当WTO打开大门后，有了一定技术沉淀的华为再把旗帜插进了日本、西欧、北美的土壤。

华为的基建思路以及"农村包围城市"的策略为日后出海的中国品牌树立了一种可借鉴的方案。目前，传音已经成为非洲手机市场老大；国内也已有不少国内物流企业、第三方支付公司、跨境电商卖家建设海外仓、支付网络等基础设施。

其次，如一加手机、安克创新、SheIn这样的企业，从成立之初就立足海外，并依靠顶级的营销资源打入海外市场。这一打法的企业有个很明显的特点，十分擅长海外营销。

以一加手机为例，这个在国内并不显眼的手机品牌，在国外却是高端手机品牌的代表。从创立第一天起，一加就采用高举高打的策略，主打高端旗舰，主推欧美一线市场。

2014年，一加第一代手机海外版本OnePlus Invite 一度需要邀请码才能购买，拥有一枚 OnePlus Invite 手机成了硅谷的一种潮流。随后又通过铺天盖地的媒体报道，赞助热门美剧《纸牌屋》，联名国际大牌等营销手段，树立起高端品牌形象。

然后，如安踏、海尔、美的等国内大品牌，通过并购海外品牌来实现出海。这一路线的特点，就是有钱。

以安踏为例，2009 年，安踏收购意大利运动时尚品牌斐乐的中国业务；2015~2017 年，又陆续收购英国户外休闲、登山运动品牌 Sprandi，高端滑雪品牌 Descente，韩国高端运动品牌 Kolon Sport，童装品牌 Kingkow 等；2019 年，联合投资者财团完成收购亚玛芬体育公司。

安踏并购目的明确，不仅聚焦在鞋服领域，同时又能做到从专业到时尚、从大众到高端的消费者全覆盖。截止目前，安踏的市值超过 4000 亿港元，而李宁的市值只有 1600 亿港元左右。

此外，还有像小米这样构建 IoT 智能家居生态的打法。通过构建一个开放的生态链，将其他智能硬件纳入到自己体系当中。

不过，对于大部分传统企业，想要出海依然存在缺乏跨境电商经验，组织结构和思维方式比较传统等问题。

首先，跨境电商经验不足。传统企业或许有国内电商经验，或许有外贸经验，但与跨境电商都有很大区别。比如原先做 OEM/ODM 的企业，最小的起订量可能就在 10 万甚至更多，而跨境电商整个生产线、供应链的部分需要适应小批量、多频次的订单生产方式，产品的迭代升级也要很快。

其次，资源分布以及组织臃肿问题。传统企业的组织结构和思维方式，往往会限制其拓展海外的新市场和新业务，反而没有小团队敏捷。

面对国内确定的稳定市场和海外不确定的新市场，如何合理分配企业资源？针对大企业，如果架构太臃肿，牵涉的部门太多，如何用最快时间抢占新兴市场？

虽然品牌出海势在必行，但对于传统企业而言，在出海的过程中真正拥抱"电商化"和"品牌化"，仍将是一个漫长的过程。作为跨境电商行业首个独立 IPO 上市的安克创新，成为了国内传统品牌想学习和借鉴的跨境电商品牌之一。

进击的安克创新

作为亚马逊 TOP 级卖家，每年，安克创新都会投入大量人力物力在研发上。据其财报显示，安克创新的研发费用占收入比例长期保持在 5% 以上，而其他企业的平均值甚至不到 1%；在人力方面，安克创新几乎一半以上是研发人员，而其他企业的平均值不到 20%。

表2-3 跨境电商卖家研发投入对比

项目	2019年		2018年		2017年	
	研发费用（万元）	占营业收入比例	研发费用（万元）	占营业收入比例	研发费用（万元）	占营业收入比例
跨境通	8140.04	0.46%	6253.44	0.29%	4545.32	0.32%
泽宝创新	4823.97	1.70%	4712.19	2.22%	4421.12	2.54%
傲基科技	7555.00	1.49%	7644.85	1.50%	6365.65	1.71%
平均值	6839.67	0.46%	6203.49	0.90%	4418.55	13..%
安克创新	39367.04	5.92%	28662.62	5.48%	20070.36	5.14%

表2-4 跨境电商卖家研发人员数量对比

项目	2019年		2018年		2017年	
	研发人员数量	占比	研发人员数量	占比	研发人员数量	占比
跨境通	850	16.27%	1022	15.39%	689	12.77%
泽宝创新	213	–	–	–	–	–
傲基科技	404	21.89%	–	–	532	24.89%
平均值	489	19.08%	1022	15.39%	611	18.83%
安克创新	822	53.38%	642	53.99%	456	52.4%

2020 年，安克创新的研发投入金额达到 5.67 亿元，同比增长 44.13%，占营业收入比例达到 6.07%。其研发人员数量也在 2020 年突破 1000 人，同比增长 22.87%，占总人数比例达 47.11%。此外，研发人员平均薪酬达到 43.86 万元。

2020 年，安克创新新增申请了各项专利 263 件，其中新增申请发明专利 77 件。

在产品上面，安克创新一直主打充电类产品，营收占比长期在 90% 以上，曾被诟病产品单一。因此，在基本盘相对稳固后，安克创新于 2014 年起推出无线音频类产品，2016 年起推出了智能创新类产品。

随着研发投入的不断增加，无线音频类产品和智能创新类产品的营收占比逐年提升，并在 2020 年合计占比首次超过充电类产品。完善产品线的同时，摆脱了对单一产品的依赖，成为公司未来产品多元化的发展方向。2020 年，智能创新类产品营收 30.59 亿元，同比增长 102.58%，占比 32.81%。

表2-5　安克创新三大产品类目

类别	2015年		2016年		2017年		2018年		2019年		2020年	
	金额(亿元)	占比	金额(亿元)	占比	金额(亿元)	占比	金额(亿元)	占比	金额(亿元)	占比	金额(亿元)	占比
充电类	12.27	94.67%	22.00	87.10%	28.33	73.34%	33.21	63.66%	38.1	57.73%	41.44	44.44%
无线音频类	0.69	5.33%	3.26	12.90%	7.01	18.15%	10.24	19.63%	12.8	19.39%	21.21	22.75%
智能创新类					3.29	8.52%	8.72	16.71%	15.1	22.88%	30.59	32.81%

除了产品方面，安克创新还通过全球化多渠道布局，在巩固欧美等成熟市场的同时，安克创新也逐步推进在中国大陆、东南亚、南美等市场的布局。

数据显示，北美地区营收50.19亿元，同比增长33.76%，但是占整体营收比例下降了近3个百分点。而在欧洲、日本、中国大陆等市场，分别增长了57.59%、59.87%、37.09%。安克创新表示，中国市场、东南亚市场以及南美市场将是公司未来布局的重点区域。

表2-6　安克创新2019—2020营业收入分析

地区 单位:元	2020年营业收入		2019年营业收入		同比变动
	收入金额	占比	收入金额	占比	
北美	5 019 289 774.74	53.67%	3 752 412 306.13	56.39%	33.76%
欧洲	1 823 272 476.97	19.49%	1 156 969 872.46	17.39%	57.59%
日本	1 372 697 818.89	14.68%	858 657 358.36	12.90%	59.87%
中东	436 992 935.80	4.67%	406 053 591.07	6.10%	7.62%
中国大陆	142 485 929.80	1.52%	103 936 735.83	1.56%	37.09%
其他	557 890 407.09	5.97%	376 708 321.08	5.66%	48.10%
合计	9 352 629 343.29	100%	6 654 738 184.93	100%	40.54%

渠道方面，安克创新2020年线上销售额占主营业务收入比重为68.06%。与此同时，还大力拓展线下B2B销售渠道，通过将产品销售给当地大型零售集团（如沃尔玛、百思买等）、电信运营商和区域性贸易商等，实现对目标地区线下市场的快速覆盖。线下销售额占主营业务收入比重为31.94%，较2019年提升2.96个百分点。

2021年，安克创新将依托亚马逊等线上销售平台进驻更多新兴市场，并在此基础上深化与eBay、乐天以及京东、天猫等国内外知名电子商务平台的合作；同时，将持续布局线下销售渠道，与更多的全球性零售卖场、区域性大型零售卖场、独立 3C 商店和专业渠道卖家等渠道合作。

不管是产品研发还是多品类、多渠道的拓展路径，安克创新的成功经验或许给国内传统品牌的出海带来一条新的思考路径——代运营。

代运营 / 联合运营是解决之道吗？

所谓代运营，是指那些缺少电商资源或能力的企业或个人，委托第三方运营机构，有偿代理运营自有店铺，以提升业绩和销量。

该模式存在有一定的合理性，毕竟很多传统工厂、企业等的优势对线上渠道的拓展普遍缺少经验，同时又避免了资源分布以及组织臃肿问题。

但由于代运营机构鱼龙混杂，有些不法运营商凭借虚假承诺、伪造业绩等手段，对卖家收取高额服务费，导致行业对于代运营的评价褒贬不一。

在 2020 年，安克创新宣布将原 OSO（线上运营与销售）团队的核心骨干成员进行重组，启动代运营业务，正式输出跨境电商运营能力。

安克创新作为目前跨境电商的龙头企业，培养了大量亚马逊运营人才。如果能够将其经验进行复制来帮助更多的中国品牌做海外电商业务，于安克创新而言，多了新的增长点，于想要出海的中国品牌而言，在拓展海外业务的同时，避免了被不法代运营商坑骗。

安克代运营团队负责人曾在采访中表示，帮品牌做出海的核心环节体现在分阶段的产品策略改进上。前期以产品的规划和改进为主，后期甚至于会帮助品牌基于亚马逊平台的特性重新设计产品，打造符合海外消费者风格的品牌。

除安克创新外，一部分卖家也提出了"联合运营"的模式。这类卖家通常拥有强运营能力，但在供应链和产品端缺乏核心竞争力，希望与有产品研发能力的工厂合作，实现风险共担，利益共享。

未来是否会形成跨境电商卖家帮助传统品牌出海的趋势，暂时不得而知，但这或许为一条解决之道。

（资料来源：各上市公司公告）

第3章 **物流篇**
只要朝着阳光,便不会看见阴影

3.1 跨境电商物流十年融资清单

表3-1 跨境物流十年融资表

时间	公司名称	主营业务	轮次	金额	投资方
2020年					
12月9日	速达非Speedaf	中非跨境一站式物流服务商	A轮	1000万美元	元璟资本（领投）、中通快递
12月4日	AHOY	阿联酋电子商务物流服务商	种子轮	220万美元	未披露
11月30日	飞盒跨境	跨境电商物流服务商	天使轮	1000万美元	元璟资本
11月23日	跨个境	跨境物流运输服务平台	战略投资	3000万美元	运个货
11月23日	泛鼎国际	跨境物流服务提供商	A轮	亿元及以上人民币	鼎晖投资（领投），惟一资本、概念资本、鸿晟基金跟投、指数资本（财务顾问）
11月16日	EIZ	跨境电商物流管理平台	天使轮	未披露	未披露
10月13日	箱信	集装箱物流服务APP	A轮	未披露	招商局创投
9月10日	新环世（环世物流+大掌柜）	国际综合物流服务商	战略投资	数千万美元	菜鸟、创新工场、云启等机构，泰合资本（财务顾问）
9月7日	鸭嘴兽	互联网货运服务商	Pre-B轮	3000万美元	明势资本（领投）顺为资本（领投）Unicorn India Ventures 光源资本（财务顾问）
7月17日	北集司	国际性集装箱枢纽港运营商	战略投资	1.83亿元人民币	北部湾港
7月6日	纵腾集团	全球跨境电商基础设施服务商	C轮	5亿元人民币	泰康人寿（领投）、建发集团、福州金控、浙商创新资本、安诚资本、华兴资本（财务顾问）
6月28日	海管家	国际海运跨境电商平台	A轮	数千万元人民币	住友商事亚洲资本、正轩投资、毅仁资本（财务顾问)

续表

时间	公司名称	主营业务	轮次	金额	投资方
6月1日	速达非Speedaf	中非跨境一站式物流服务商	战略投资	数千万元人民币	中通快递
5月19日	美设国际	综合性物流方案提供商	A轮	数千万元人民币	华创资本（领投）原色咨询
4月17日	拓扑丝路	一站式新跨境贸易服务和金融服务提供商	Pre-A轮	数千万元人民币	名川资本（领投）青松基金
2019年					
12月1日	拓扑丝路	一站式新跨境贸易服务和金融服务提供商	天使轮	未披露	青松基金
7月17日	荣e通	第三方国际物流综合服务平台	Pre-A轮	1000万元人民币	中信正业
7月1日	Buyandship	跨境电子商务航运服务提供商	Pre-B轮	220万美元	Infinity Venture Partners（领投）、SQ Capital
6月29日	纵腾集团	全球跨境电商基础设施服务商	B+轮	未披露	闽服基金、商城金控
6月25日	Aftership	全球物流追踪SaaS服务商	A轮	数百万美元	翊翎资本
6月11日	运去哪	一站式国际物流服务平台	C轮	7000万美元	红杉资本中国（领投）、Coatue Management（领投）、源码资本、多维海拓（财务顾问）
3月6日	纵腾集团	全球跨境电商基础设施服务商	B轮	7亿元人民币	凯辉基金（领投）、普洛斯GLP（领投）、钟鼎资本
3月5日	Web2ship	亚洲各国地区跨境快递物流云平台	种子轮	数十万美元	中国加速Chinaccelerator
2月20日	运去哪	一站式国际物流服务平台	B+轮	数千万美元	Coatue Management（领投）、DCM中国、招商局创投、源码资本、多维海拓（财务顾问）
2018年					
11月28日	运去哪	一站式国际物流服务平台	B轮	未披露	住友商事亚洲资本
11月7日	运链	国际物流服务综合解决方案平台	A+轮	1000万美元	阿米巴资本（领投）、SIG海纳亚洲、伯藜创投
9月21日	货兜	海淘国际物流平台	A轮	未披露	跃马资本
8月20日	翌飞锐特eFreight	跨境航空物流解决方案服务商	B轮	2000万元人民币	招商局创投

续表

时间	公司名称	主营业务	轮次	金额	投资方
6月27日	星邮物流	跨境电商物流服务提供商	Pre-A轮	未披露	泰亚鼎富
5月31日	星邮物流	跨境电商物流服务提供商	天使轮	未披露	递优国际物流
4月28日	货图	跨境供应链管理系统	A轮	未披露	仁弘资本、华创资本、朗盛投资
3月30日	纵腾集团	全球跨境电商基础设施服务商	A轮	亿元及以上人民币	复星创富、联合创投、钟鼎资本、普洛斯GLP、缝子资产、纵联资本
3月29日	爱速同创	跨境物流服务提供商	天使轮	未披露	梅花创投
1月19日	运链	国际物流服务综合解决方案平台	A轮	1.2亿元人民币	襄禾资本、SIG海纳亚洲、伯藜创投
1月18日	泛鼎国际	跨境物流服务提供商	战略投资	数千万元人民币	子米投资
1月18日	俄速通	俄罗斯电商分销平台	B轮	未披露	朗江创投
2017年					
12月18日	旺集科技	俄罗斯海外仓配及营销服务	B轮	数千万元人民币	赛富基金SAIF Partners
11月30日	燕文物流	跨境电商物流综合服务商	B轮	数亿元人民币	君联资本、毅达资本
11月7日	Buffalo旨福供应链	专注于非洲复合跨境物流网络	天使轮	数百万元人民币	大观资本（领投）、深圳城蓝资产、原子创投
10月31日	运去哪	一站式国际物流服务平台	战略投资	1亿元人民币	招商局创投、毅仁资本（财务顾问）
9月30日	义新欧	跨境贸易综合服务商	战略投资	未披露	圆通速递、华融天泽-华融证券
6月22日	运去哪	一站式国际物流服务平台	A+轮	5000万元人民币	DCM中国（领投）、星河互联、春晓资本
6月12日	Buffalo旨福供应链	专注于非洲复合跨境物流网络	种子轮	数百万元人民币	原子创投
4月27日	曹操到	主打国际性跨域极限配送	天使轮	数百万元人民币	未披露
3月31日	泛鼎国际	跨境物流服务提供商	Pre-A轮	数千万元人民币	九曳供应链、元颂创投
3月2日	微观互联	专注于跨境物流数据服务	Pre-A轮	数千万元人民币	五岳资本

续表

时间	公司名称	主营业务	轮次	金额	投资方
2月9日	时刻邮	定制跨境电商卖家专属物流服务圈	A轮	3000万元人民币	坚果创投、坚果资本、华媒控股
2月8日	万邑通	跨境电商整体供应链解决方案服务提供商	B轮	未披露	东方产融
2016年					
8月22日	旺集科技	俄罗斯海外仓配及营销服务	A轮	4500万元人民币	红石诚金、厦门海西明珠投资
7月22日	递四方	跨境电商物流供应商	战略投资	未披露	菜鸟
7月15日	优意思	跨境供应链综合服务及解决方案提供商	A轮	未披露	同方厚持
7月12日	纵腾集团	全球跨境电商基础设施服务商	战略投资	未披露	前海梧桐并购基金
7月1日	运链	国际物流服务综合解决方案平台	Pre-A轮	数千万元人民币	阿米巴资本（领投）、伯藜创投、十维资本、英诺天使基金、PreAngel、嘉维资本
7月1日	58货运	国际物流服务综合解决方案平台	Pre-A轮	400万元人民币	阿米巴资本（领投）、伯藜创投、PreAngel、嘉维资本
6月29日	时刻邮	定制跨境电商卖家专属物流服务圈	Pre-A轮	1000万元人民币	湖畔山南资本
6月28日	佳成国际	跨境物流综合服务商	A轮	未披露	未披露
6月20日	万邑通	跨境电商整体供应链解决方案服务提供商	战略投资	未披露	中银投资
5月1日	货兜	海淘国际物流平台	Pre-A轮	数千万元人民币	中路资本、阿米巴资本
4月1日	运链	国际物流服务综合解决方案平台	天使轮	500万元人民币	未披露
4月1日	58货运	国际物流服务综合解决方案平台	天使轮	400万元人民币	PreAngel
3月10日	曹操到	主打国际性跨域极限配送	种子轮	500万元人民币	星河互联

续表

时间	公司名称	主营业务	轮次	金额	投资方
3月1日	出口易	跨国电商全程物流解决方案服务商	C轮	亿元及以上人民币	未披露
1月22日	新世洋	电子商务及物流综合服务商	A轮	1000万元人民币	金色未来
2015年					
12月22日	泛鼎国际	跨境物流服务提供商	天使轮	数百万元人民币	浙大友创
11月5日	货兜	海淘国际物流平台	种子轮	180万元人民币	阿米巴资本
10月1日	俄速通	俄罗斯电商分销平台	A轮	数千万元人民币	弘卓资本、华卓投资
9月28日	海管家	国际海运跨境电商平台	天使轮	1000万元人民币	险峰长青
9月1日	58货运	国际物流服务综合解决方案平台	种子轮	100万元人民币	未披露
8月21日	ICS国际货物电商平台	主打国际航空物流的撮合交易平台	天使轮	500万元人民币	徽瑾创投
8月21日	二货网	电子商务交易与服务平台	天使轮	1000万元人民币	未披露
8月18日	旺集科技	俄罗斯海外仓配及营销服务	Pre-A轮	1000万元人民币	红石诚金
7月1日	运链	国际物流服务综合解决方案平台	种子轮	100万元人民币	PreAngel
6月26日	货图	跨境供应链管理系统	A轮	2000万美元	IDG资本、经纬中国、云启资本
5月19日	保宏电商	电子商务物流解决方案提供商	A轮	400万元人民币	浩方创投、易一天使
4月2日	万邑通	跨境电商整体供应链解决方案服务提供商	A轮	数千万元人民币	基石资本
1月24日	保宏电商	电子商务物流解决方案提供商	天使轮	数百万元人民币	浩方创投
2014年					
12月30日	递优国际物流	跨境电商物流服务运营商	天使轮	数百万元人民币	未披露

续表

时间	公司名称	主营业务	轮次	金额	投资方
12月6日	运去哪	一站式国际物流服务平台	A轮	数千万美元	源码资本
10月1日	俄速通	俄罗斯电商分销平台	天使轮	数百万元人民币	中通快递
9月15日	出口易	跨国电商全程物流解决方案服务商	B轮	数千万美元	赛富基金SAIF Partners、KPCB凯鹏华盈中国
5月22日	AfterShip	全球物流追踪SaaS服务商	天使轮	100万美元	IDG资本
1月14日	塑飞锐特eFreight	跨境航空物流解决方案服务商	A轮	数千万元人民币	汉能投资、开物投资
1月1日	递四方	跨境电商物流供应商	D轮	5000万美元	IDG资本
2013年					
1月1日	塑飞锐特eFreight	跨境航空物流解决方案服务商	天使轮	数百万元人民币	开物投资
1月1日	Boxc宝库西	中美物流服务	天使轮	数十万美元	500 Startups
2011年					
12月1日	递四方	跨境电商物流供应商	C轮	数千万元人民币	深创投
5月1日	递四方	跨境电商物流供应商	B轮	数千万元人民币	新加坡邮政
2月1日	出口易	跨国电商全程物流解决方案服务商	A轮	400万美元	KPCB凯鹏华盈中国

3.2 跨境电商物流模式介绍

跨境电商物流根据发货类型可分为国内直发和海外仓发货两种。

国内直发

直发指的是卖方在接到电商平台的订单后,直接发货给买方。选择的物流方式通常有邮政小包、商业快递和国际专线。

1. 邮政小包

邮政小包指的是在万国邮政联盟(UPU)框架内,各国邮局依托全球邮政现有网络开展的一项业务。单个包裹重量在2kg内、单价低的商品中,邮政小包有明显的价格优势。加之,其报关属性为个人物品而非商品,税费低或无税费。因此,邮政小包迅速成为跨境电商卖家的首选物流配送模式。

2. 商业快递

商业快递指的是由快递公司通过自身建设的全球网络完成跨境电商包裹门到门配送的物流服务,通常有DHL、UPS、FedEx等国际快递公司。清关时,采用商业报关模式,税费透明且较昂贵,但时效快、包裹妥投率高,适合对时效要求高、货值高、重量段20kg左右的商品。

3. 国际专线

国际专线指的是从国内到某一特定国家或地区的物流专线服务,通过整合优质的航空干线资源、商业清关、邮政清关、尾程派送等资源,为客户提供个性化的服务。其价格要比邮政小包贵,但比商业快递便宜,时效要明显快于邮政小包,但稍慢于商业快递。

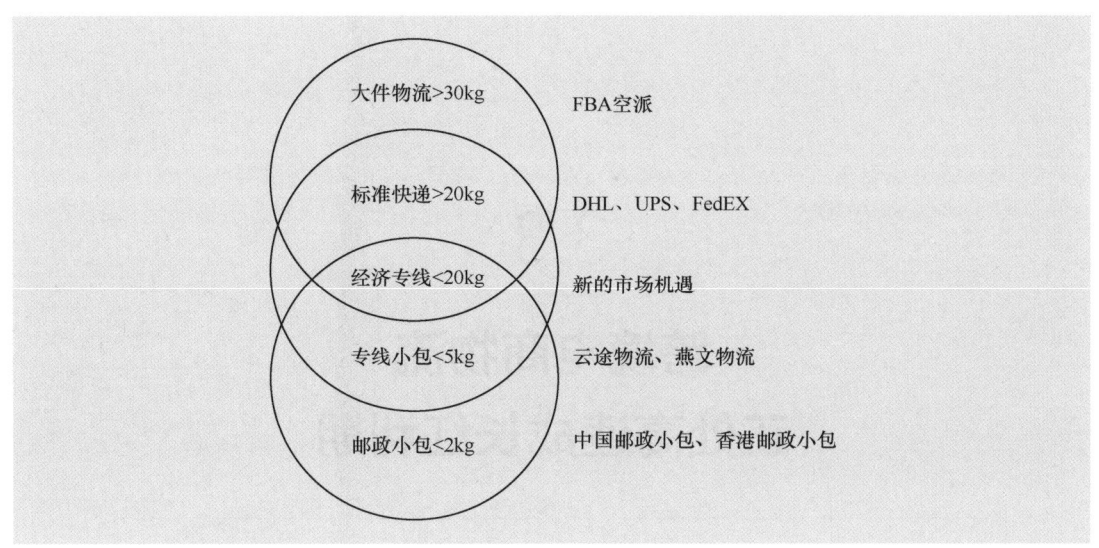

来源：纵腾集团 & 易仓科技 & 跨境电商物流百晓生出品《2019 中国跨境电商物流蓝皮书》

图3-1　跨境电商物流模式

海外仓发货

与直发不同，海外仓发货则是卖方提前将货物运送到海外的仓库，当接收到电商平台的订单后，商品从海外仓发出配送。又根据海外仓的提供者不同，可分为电商平台海外仓、第三方海外仓以及卖家自建仓。

其中，由于亚马逊卖家占据市场大部分份额，亚马逊海外仓（FBA）最具代表性，便衍生出了 FBA 头程运输服务，FBA 头程指将商品从卖家国内仓运到亚马逊指定仓库的仓到仓物流服务。根据运输方式不同，可分为以下几种：

空派：通过空运到机场，目的港货代负责清关，再通过快递、卡车等方式派送入 FBA 仓。

海派：通过海运到港口，目的港货代负责清关，再通过快递、卡车等方式派送入 FBA 仓。

国际快递：通过国际快递如 UPS、DHL 等提供航空运输和到港入仓服务。

3.3 跨境电商物流正处高速成长红利期

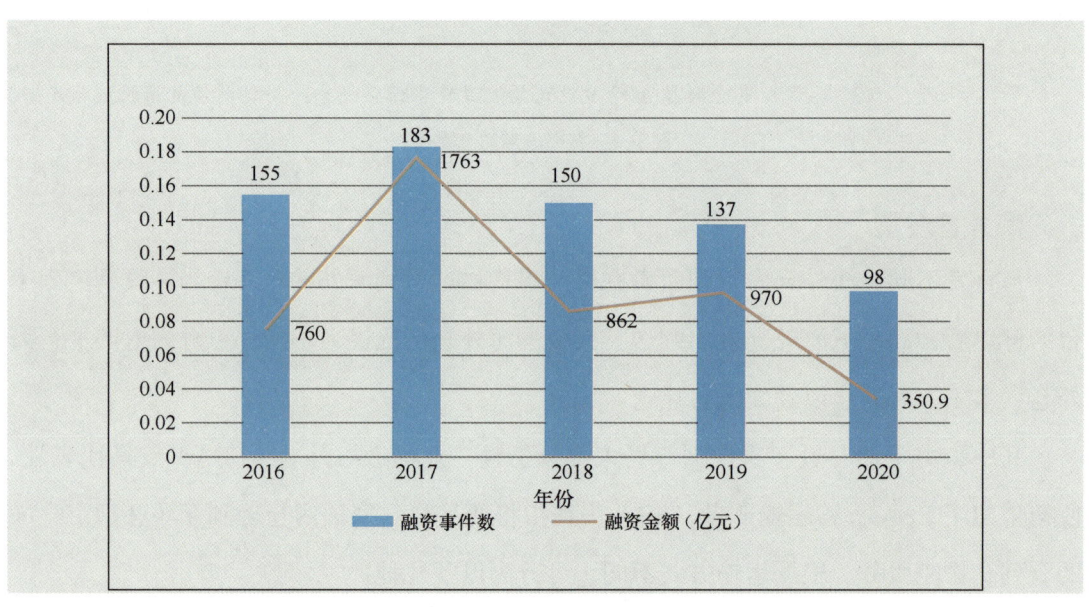

数据来源：前瞻产业研究院、光子象限，跨境眼观察制图

图3-2　近5年中国物流领域融资事件数及融资金额变化

上述数据仅以公开资料能查询到的数据估算，部分融资企业未披露融资相关情况不包括在内。

根据前瞻产业研究院《中国物流行业市场前瞻与投资战略规划分析报告》以及光子象限数据统计，可以看到中国物流行业在经历了2017年的投资高峰之后，行业融资事件数和融资金额明显呈下降趋势。其中，2020年仅发生投融资事件98起，融资金额共350.9亿元人民币，较2019年均有大幅度减少。

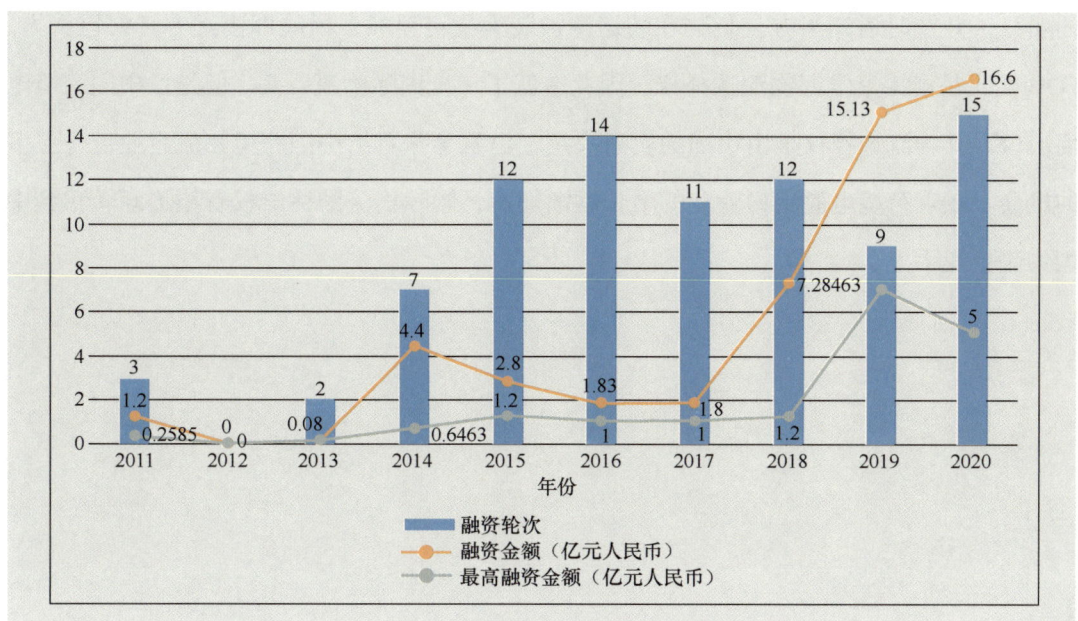

图3-3 近10年跨境电商物流融资次数与金额

但在跨境电商物流这一细分领域却迎来资本热潮。

近10年来，跨境电商物流总共完成融资事件共85起，披露总金额51.12亿元。其中2015—2016年，融资次数较往年有了大幅度提升，但融资金额变化不大。到2019年，融资金额实现突破，最高融资金额为7亿元。到2020年，跨境电商物流的融资次数和金额均迎来高峰，共15起，总计16.6亿元。

这一趋势与卖家的投融资趋势相仿，侧面反映了二者的互生互利的关系。

2020年，新冠肺炎疫情爆发加速全球电商渗透率的提升，跨境电商迎来爆发式增长，同时也带动了跨境物流的蓬勃发展。

暴涨的单量让本就稀缺的空运、海运、海外仓等物流资源更为紧缩，美国、欧洲各国的港口、尾程配送更是一再瘫痪，跨境电商物流陷入乱局之中。跨境电商物流的短板和痛点也因此暴露——海外端缺乏控制权，行业固定资产投入太少与井喷的货物需求矛盾凸显。

有痛点就有市场，如何在海外建立物流的控制权就成了物流商和资本看中的机会点。以传统外贸国际物流通常采用的FOB模式为例，FOB模式是按离岸价进行交易，买方负责派船接运货物，卖方应在合同规定的装运港和规定的期限内将货物装上买方指定的船只，并及时通知买方。货物在装运港被装上指定船时，风险即由卖方转移至买方。FOB模式是由买家掌握物流选择权，因此造就了一批国际物流巨头。但是，中国跨境电商出口，其物流选择权是由中国的卖家决定，也就意味着给中国跨境物流企业带来更多的机会。随着跨境电商出口业务的增长逐渐加速，国际物流的话语权有望逐渐转移到中国物流企业手上。

3.4 跨境电商物流的核心竞争力

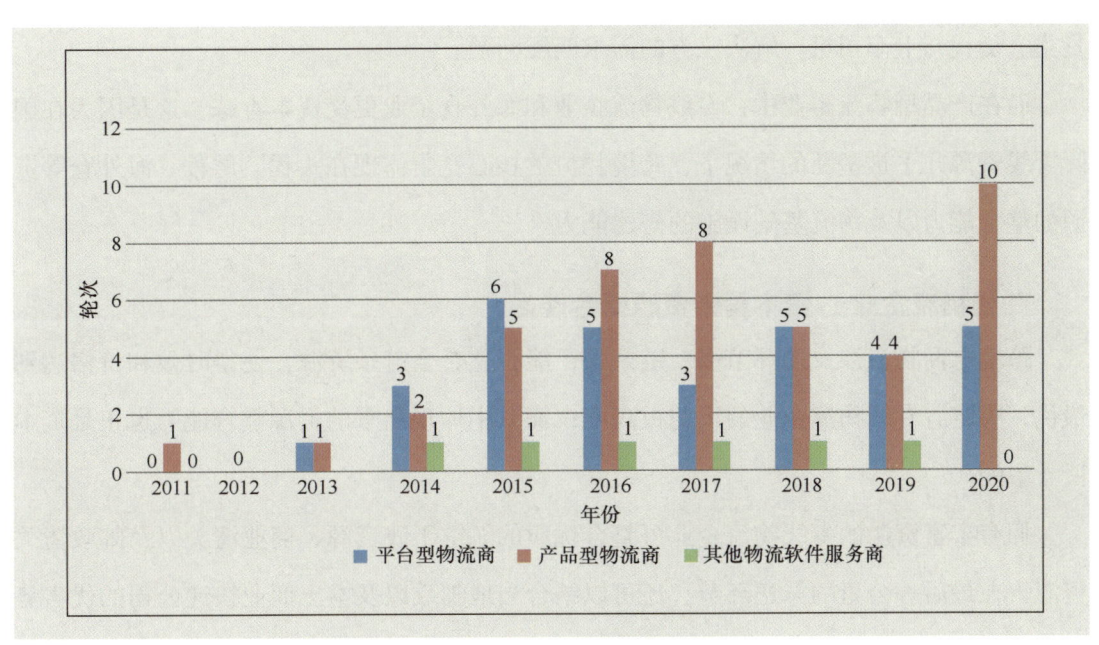

图3-4 2011—2020跨境物流融资主体分布

平台型物流商：指的是提供物流订单信息撮合、订单分配、运力调度、资源整合等服务的企业，不直接提供物流产品服务。
产品型物流商：指提供邮政小包、专线小包、商业快递代理、第三方海外仓、FBA头程、尾程派送等物流产品的企业。
其他物流软件服务商：指的是跨境电商物流ERP、仓库管理系统WMS、国际货代管理系统TMS等。

从近十年的融资主体分布中可以看到，在2015年以前资本更加偏爱平台型企业，如出口易、海管家、运链、运去哪等。而在2016年以后，产品型的企业获得融资超过平台型，并在2017年迎来融资小高峰，2020年更是大幅度增长。

但是，平台型服务商在金额上并未落后于产品型服务商，例如，运去哪累计获得6轮融资，金额超6亿元人民币；运链累计获得5轮融资，金额近2亿元人民币。

可见，资本对于平台型企业比较看好，这是因为跨境电商物流所涉及的环节多、链条长，在跨境电商物流的订单履行闭环中，各个节点之间都存在着规模化的庞大空间，在每一个短链上都能形成有价值的新商业模式机会。平台型企业可以通过标准化和数据化突破固有行业天花板，来优化行业效率、整合行业上下游资源，形成新的竞争壁垒。

以鸭嘴兽为例，它是一家互联网货运服务平台，在其愿景蓝图中，在"工厂（货主）—国际货代—车队/运力司机—报关行—船务公司和—码头"的产业路径里，选择了"工厂（货主）—国际货代—车队/运力司机"这一短链，瞄准集卡车辆运力市场，连接货主、货代与卡车司机，解决三方的需求匹配问题。

而在产品型物流企业中，专线物流企业和海外仓企业更受资本青睐，这是因为在国际干线资源几乎被垄断的情况下，跨境物流的核心竞争体现在头程、尾程、海外仓等资源的整合能力以及物流基础设施的搭建能力。

专线物流企业：资本看中资源整合能力

跨境电商物流涉及的环节多、链条长，能否整合全链条资源，使得时效和价格达到最优，决定着专线物流企业的天花板高度；而其中体现出来的资源整合能力也正是资本所看中的。

拥有丰富资源的专线物流企业可整合优质的航空干线资源、商业清关以及邮政清关资源，在最后一公里的派送环节，还可以结合当地邮政以及本土商业快递公司的优劣势进行产品组合，发展空间大。

回顾专线小包的发展，有起有落。

2014年开始，专线小包呈现爆发式增长的趋势。一方面是因为价格适中且时效稳定，另一方面是得益于电商平台及跨境电商卖家对物流要求的提升。正是这几年，递四方、燕文物流等专线小包物流企业相继获得大额融资。

2018年，菜鸟网络率先开始整合不同类型的物流服务商纳入其服务版图，受其影响，速卖通平台上大部分的小包货量被分走。

2020年，新冠肺炎疫情爆发导致航空运力极其不稳和短缺，加之邮政官方渠道大幅涨价。对于大量以销售低客单价产品为主的自发货卖家，专线小包成了不二之选。

但与此同时，eBay、Wish 等平台也开始整合物流服务商，专线小包市场开始新一轮洗牌，部分资源整合能力弱、服务意识不强的物流商被疫情湮灭。

海外仓：国际新基建能力

另一类被资本看好的是海外仓企业，如万邑通、纵腾、递四方、泛鼎国际、大建云仓等。

其一，海外仓在 2020 年显示出巨大的需求，迎来红利爆发期。从 2020 年 3 月亚马逊宣布 FBA 限制入仓后，海外仓成了众多卖家快速补货的选择。

跨境眼观察出品的《2021 海外仓蓝皮书》数据显示（易仓科技 & 跨境眼调研企业样本数据），相对于 2019 年，2020 年各国的海外仓数量均有较大幅度增长，美国海外仓数量增长最快，达 567 个，增幅为 94.8%，占据了全球海外仓将近 47.6% 的市场份额；其次是英国，从 2019 年的 94 个海外仓增长为 178 个。海外仓已然成为 2020 年之后最火热的词之一。

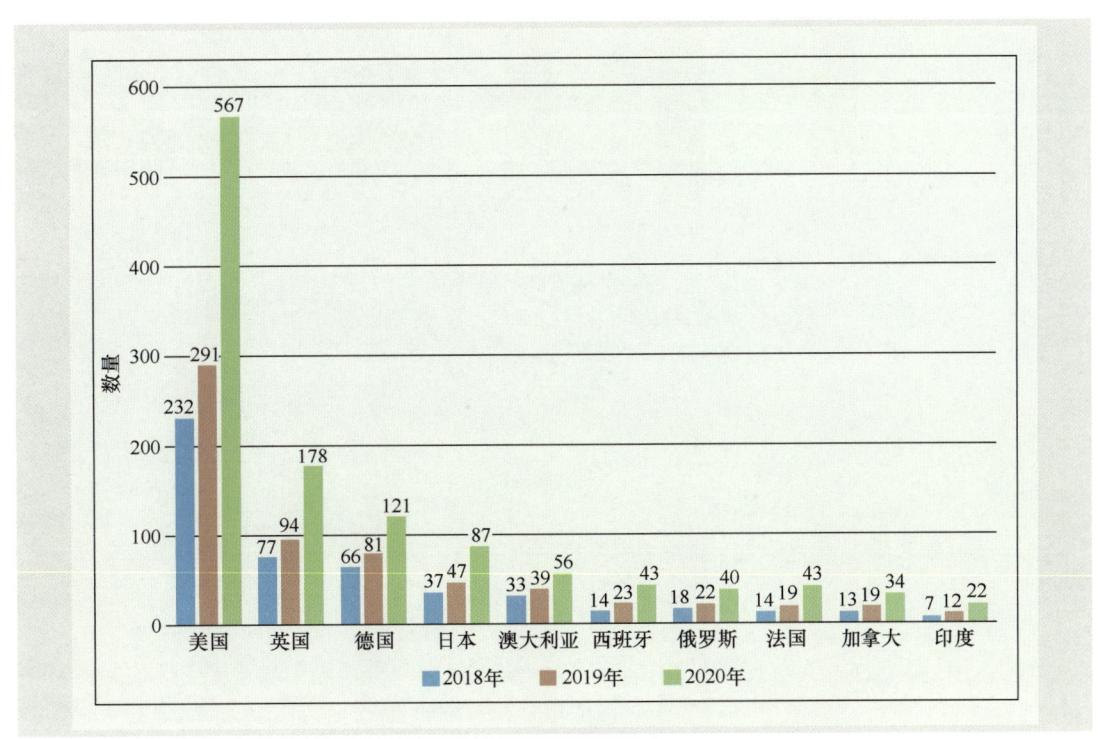

图3-5　2018—2020年部分国家和地区海外仓数量

其二，海外仓除基础性功能外，还是帮助卖家实现本土化运营的关键支点。但海外仓是一个高资本壁垒、重本土化运营、强技术应用的细分领域，具备这样的国际基建能力的服务商非常少。因此，目前国内几大海外仓头部企业，都获得了资本关注。

如在2021年取得上亿美元融资的万邑通，目前在全球拥有15个海外仓，总面积超过30万平方米，正不断扩仓中。充足的资金不论是对企业发展战略、建立核心能力还是头部市场竞争，都是必不可少的，而万邑通致力于为卖家提供海外产品推广的营销式履约服务。

还有纵腾，旗下有云途物流和谷仓海外仓，将专线物流和海外仓做了很好的协同，有利于发挥更大的规模效益，这也是资本看好的点。

3.5 国内物流巨头加快布局跨境物流

表3-2 国内快递布局跨境电商物流统计

时间	主要投资机构（国内物流企业）	被投资企业名称	被投资企业简介	融资轮次	融资金额
2020年	菜鸟	新环世（"环世物流+大掌柜"）	国际综合物流服务商	战略投资	数千万美元
	中通快递	速达非Speedaf	中非跨境一站式物流服务商	A轮	1000万美元
	中通快递	速达非Speedaf	中非跨境一站式物流服务商	战略投资	数千万元人民币
2017年	圆通速递	义新欧	跨境贸易综合服务商	战略投资	未披露
2016年	菜鸟	递四方		战略投资	未披露
2014年	中通快递	俄速通	俄罗斯电商分销平台	天使轮	数百万元人民币

如表3-2所示，近些年，国内快递投资跨境电商物流共6起。其中，菜鸟在2016年投资递四方后，在2020年9月携手创新工场、云启资本投资环世物流，同时还入股宁波大掌柜物流，持股10.33%。据菜鸟官方通告显示，环世物流和大掌柜已经完成合并成立新环世。数千万美元的大手笔，可见菜鸟在布局全球物流网络的野心和决心。

中通快递也频繁出手，在2014年投资了对俄跨境贸易综合服务企业"俄速通"，在2020年则是连续投资了中非跨境一站式物流服务商"速达非Speedaf"。相比菜鸟的大而全的网络建设，中通快递的策略更像是在各个区域市场的各个击破。

另一国内快递巨头顺丰，虽未在投融资统计表中出现，但也一直在通过其他方式拓展全球市场。2017年5月26日，顺丰控股与UPS宣布在中国香港成立合资公司，聚焦跨境贸易，双方共同开发和提供国际物流产品。2021年2月9日的公告称，顺丰拟以175.55亿港元收购嘉里物流51.8%股权。若完成本次交易，顺丰将进一步弥补国际货代业务、海外快递业务的短板。

在这6起投融资事件中，战略投资占了4起。战略投资更看重战略协同效应，重点关注对自身业务的优化和拓展。国内快递大多选择战略投资的方式，目的是快速扩大全球物流网络的版图，以弥补短板和扩大自身业务的市场规模。

3.6
跨境物流的资本盛宴，行业加速洗牌的开始

任何一个行业，资本的介入都会加速整个行业的业态进化和洗牌，跨境物流也不外乎如此。

2020年7月6日，纵腾再次融资5亿元人民币，成为2020年以来跨境物流行业最大的一笔融资，而上一次如此大手笔的同样是纵腾。这家由卖家转型的物流服务商，在两年多时间里已融资超过12亿元人民币，颇受资本青睐。

纵腾受资本追捧只是行业的一个缩影，自2017年以来，包括万邑通、运去哪、大掌柜等多家物流服务商都获得了数轮金额不小的融资，这在其他行业并不多见。

在移动互联网和跨境贸易全球化的浪潮之下，资本的撬动加速了物流产业迭代演变，传统货运代理行业正经历去产能的深刻变革。同时，一些头部跨境物流服务商逐渐涌现。

跨境物流站上风口

2017年，中国跨境电商交易规模达到8.06万亿元人民币，同比增长20.3%，继续保持着高速增长。同年，包括价之链、通拓、萨拉摩尔等大卖都被上市公司相中，跨境电商前十大融资合计总额超过64亿元人民币。

也正是从这一年起，跨境物流服务商被各大资本频频关注。

2017年6月，国际物流在线服务平台"运去哪"在时隔A轮两年后，完成A+轮5000万元人民币融资，由DCM中国领投，春晓资本、星河互联跟投。

2017年9月，国际物流SaaS工具提供商"大掌柜"获得经纬中国、华创资本、仁弘资本、IDG资本的天使轮融资。

2017年10月，运去哪在仅过去4个月后再次获得招商局创投的1亿元人民币战略投资。

2018年1月，国际物流交易平台"运链"完成A及A+轮融资，两轮融资总额共计1.2亿元人民币，资方为襄禾资本、伯藜创投及海纳亚洲投资。

2018年2月，大掌柜再获数千万元人民币Pre-A轮融资，拙朴资本领投，云启资本跟投。

2018年3月，纵腾完成A轮融资，由普洛斯领投，复星资本、钟鼎资本、缱子资本跟投，同时将云途物流收购成为其子公司；国际货代公司"铁甲股份"获中信资本丝绸之路基金4000万元人民币A轮融资。

2018年8月，移动互联网集装箱公路运输服务平台"鸭嘴兽"完成A轮融资3000万元人民币，由安持资本领投，拙朴资本、靖亚资本、而立资本跟投。这是其成立一年内第3次融资。

2018年11月至2019年2月，运去哪3个月内相继获得住友商事亚洲资本B1轮融资，Coatue领投，老股东DCM、招商局创投、源码资本跟投数千万美元B2轮融资。

2019年3月至6月，纵腾相继完成B轮和B+轮融资，其中B轮7亿元人民币融资由普洛斯、凯辉基金领投，钟鼎资本作为老股东持续加码；B+轮融资由闽服基金、商城金控投资。

2019年6月，运去哪完成7000万美元C轮融资，由红杉资本中国基金、Coatue联合领投，源码资本跟投；鸭嘴兽获得复容资本旗下复申基金数千万元人民币投资，这是其2019年第2季度的第三次融资。

2019年8月，大掌柜完成数千万元人民币A轮融资，由德同资本领投，老股东云启跟投。

2019年8月，数字化多式联运物流平台"运个货"完成由君联资本领投，真格基金和同创伟业跟投的亿元A轮融资，这也是其一年内的第4笔融资。此前分别由同创伟业、真格基金投资的数千万元人民币Pre-A+轮融资，真格基金投资的数百万美元Pre-A轮，和启赋资本投资的千万元级人民币天使轮。

2019年12月，大掌柜在A轮仅4个月后完成亿元级人民币B轮融资，由拙朴投资领投，云启资本和德同资本跟投。

2020年7月，纵腾再获得C1轮5亿元融资，由泰康人寿领投，厦门建发、浙商创新资本、福州金控、安诚资本跟投。

2021上半年，万邑通传来新一轮上亿美元的融资消息，而早在2017年，其就已经进行了B轮的融资。

可以看到，这些跨境物流公司大多都是短时间内获得多轮融资，其中不少是老股东持续投资。一方面说明资本对于该公司看好，更重要的是资本对行业的看好。如同当年对于国内快递公司的投资一样，资本生怕错过了这块大蛋糕。

有钱可以扩大规模优势

资本的介入，让跨境物流行业的规模效应逐渐显现，头部企业的规模优势越发明显。每个企业在取得融资之后，依据当时的市场环境以及企业现状，结合企业的价值观以及战略，会将资源投入不同的维度。

以万邑通为例，在2021年取得上亿美金的融资后，优先考虑的方向不是规模建仓，而是投入在精细化管理上——在全球建立或是升级数据驱动的自动化履约中心。从长远来看，电商履约中心的核心不在于仓库面积，而是坪效、人效，以及动线的交互梳理，现代化的全链条供应链履约服务。跨境电商已经度过以规模为战略的粗放年代，逐渐进入数据化、科技化、智能化为核心的真正互联网时代。

再以纵腾为例，目前纵腾集团已经成为中国大型跨境物流综合服务商之一，在全球范围内拥有26个海外仓和区域分拨枢纽，海外仓储总面积超过了100万平方米，在整个海外基础设施布局上属于行业的佼佼者。

除了海外仓，纵腾凭借云途在物流专线更是傲视群雄。据了解，纵腾集团目前已经搭建了47条物流专线，覆盖全球六大洲33个国家，境外员工人数超千人。

特别是在2020年的新冠肺炎疫情中，云途就启动了3—5月的包机季，预定了几十架包机保障干线运力。谷仓方面，随着海外疫情加重，很多海外仓基本无法运转，而谷仓为了维持海外仓的正常运转，给员工加了50%以上的薪资。

在谷仓和云途的相互协同之下，纵腾日均包裹处理量超过了100万单，2020年一、二季度的整体订单处理量比去年同期增长一倍以上。

平台化和垂直化并行

目前来看，在资本的助力之下，跨境物流行业逐渐朝着平台化和垂直化的方向发展。

首先，跨境物流已经超越简单的仓运配服务，其服务链条更长，需要物流与供应链全流程的优化整合设计能力。对于像万邑通、纵腾集团这样的头部跨境物流服务商，一方面是把从头程到尾程的链条做长，另一方面也越来越注重做服务平台，搞数据协同，打通上下游环节的信息流。

还是以纵腾为例，除了谷仓和云途，围绕着国际干线、海外通关、尾程派送等跨境电商物流的核心节点，纵腾给卖家提供了"WORLDTECH"定制级的供应链解决方案品牌；针对卖家选品、物流、售后等方面的难题，纵腾集团旗下也有"冠通分销平台"，帮助卖家降低进入门槛。另外，针对跨境卖家普遍的资金需求，推出了"跨呗"供应链金融服务。

当然，在资本的助推下，行业之间的整合并购的案例势必会逐渐增多，以境外快递巨头发展史为例，FedEx和UPS通过收购迅速实现综合化和全球化，纵腾收购云途也正是如此。任何一个行业发展到一定的阶段都会出现行业上下游之间的整合，或是不同业务模式之间的整合，抑或是同一模式不同区域之间的整合。

而除了平台化的趋势以外，细分垂直化也成为目前跨境电商行业的一大趋势。由于跨境物流环节众多，把某个核心节点做深同样是一种思路。

比如前文提到的鸭嘴兽，作为集卡拖车的代表企业，通过打造规模化运力，为国际货代客户的大票货物提供一揽子服务，货代不再需要将一票货物分包给众多小规模的车队，从而大大降低管理成本和风险。

平台化与垂直化其实并不冲突，头部公司把链条做长的同时，会在某些板块比较突出，从而与其他平台形成差异化。

长远来看，平台化的公司价值要大于垂直环节的公司。跨境物流是一个链条长且环环相扣的服务行业，只从单一垂直环节切入，难以提供一揽子服务，垂直类公司被平台公司向下整合的概率很大。

左手价格，右手技术

任何一个行业，只要有大量资本进入，必定会引发行业价格战。对于跨境物流行业，价格战有时也是不得已而为之。2018年上半年，整个市场的增长态势普遍不如预期，不少上游渠道选择降价促销，有点拼刺刀的意味。

对于已有资本进入的企业，业绩承诺的压力让他们在面对淡季行情时，必须以降价或者短期亏损的方式来保持市场占有率的持续提升。

但是，对于大多数依靠自有资金发展的跨境物流公司，面对行业价格战，参加就意味着烧钱，不参加意味丢掉市场份额。所以，我们经常看到在互联网行业中老大和老二打价格战，结果最先出局的很可能是老三。

资本的进入实际上是加剧了行业快速洗牌的进程，也许只有在当资本助推下的行业洗牌基本完成的情况下，才是合理利润回归的时刻。

除了价格方面，数字化、智能化是资本介入给行业带来的另一个变化。

互联网技术的发展使得数据和信息流通加快，并且趋向透明化、公开化。但是大部分的物流公司依然停留在传统货运时代，依靠上游关系获取运力资源博取价差的思维，尚未真正意识到科技沟通上效率所带来的力量。

目前来说，跨境物流主要围绕着成本、效率和客户体验三个维度竞争。资本的强势介入能够让头部企业依靠投入大量的科技化设备来提升运营的效率，同时通过上下游的整合，进一步强化整个链条的可控性。

在未来，跨境电商物流的核心竞争将会集中在对于干线运输、境外通关、尾程派送等环节的基础服务的优化和整合的力度。简单粗暴的时代渐行渐远，精耕细作的时代逐渐来临。

如今，像三通一达、顺丰、德邦这样的国内电商物流基本完成了资本化，该上市的都上市了。在资本的推波助澜下，国内物流行业的洗牌大部分已经完成，而跨境物流行业也正走在这条路上。

第 4 章 **服务商篇**
春天也许会迟到，但永远都不会缺席

4.1 跨境服务商十年融资清单

表4-1 跨境服务商十年融资表

时间	公司名称	主营业务	轮次	金额	投资方
2020年					
12月25日	马帮ERP	跨境电商ERP软件	战略投资	数千万元人民币	光云科技
10月19日	ASINKING领星	跨境电商SaaS解决方案提供商	A轮	7000万元人民币	高瓴创投（领投）顺为资本（领投）蓝湖资本
10月12日	店匠科技	海外电商B2C独立站销售平台	B轮	1000万美元	云九资本、红杉中国、前海母基金、磐晟资产
9月24日	欧税通	SaaS跨境税务申报平台	战略投资	1000万元人民币	架桥资本（领投）一亿中流（领投）启利发展（领投）
7月29日	飞书深诺	国际化营销服务提供商	C轮	亿元以上人民币	达晨创投、洪泰基金
7月20日	Airwallex空中云汇	全球跨境支付平台	D+轮	4000万美元	阿里巴巴创业者基金
4月16日	Airwallex空中云汇	全球跨境支付平台	D轮	1.6亿美元	澳新银行、Salesforce Venture、DST Global、腾讯、红杉中国、高瓴创投、维港投资
3月2日	易仓科技	跨境全生态链软件服务供应商	A轮	1000万美元	五岳资本（领投）、真格基金、猎云资本（财务顾问）
1月1日	Shopline	独立站平台	A轮	2000万美元	YY欢聚集团、亦联资本
2019年					
9月24日	Shoptago	跨境电商自建站平台	战略投资	800万元人民币	广州联雅
9月5日	SellerGrowth/卖家成长网	跨境电商教育服务平台	B轮	未披露	金沙江联合资本
9月24日	Shoptago	跨境电商自建站平台	战略投资	800万元人民币	广州联雅
7月26日	ZID	独立站建站平台	A轮	200万美元	Elm、MSA Capital、Arzan VC、部分天使投资人
7月26日	连连数字	跨境支付金融服务商	战略投资	未披露	中金佳泰、财通证券、浙大友创

续表

时间	公司名称	主营业务	轮次	金额	投资方
7月22日	4Kmiles	跨境电商一站式服务商	天使轮	数百万元人民币	信天创投
4月23日	启橙电商	电子商务解决方案的第三方服务商	并购	7760万元人民币	中国联塑
3月26日	Airwallex空中云汇	全球跨境支付平台	C轮	1亿美元	DST Global
3月11日	卓志跨境	跨境电商供应链服务商	战略投资	未披露	钟鼎资本
3月1日	PingPong	第三方跨境支付公司	D轮	未披露	华睿投资、鸥翎投资、赛伯乐投资、宽带资本、丽水琛石、易正天道、上海普罗股权投资
2018年					
10月1日	CoralGlobal珊瑚跨境	跨境金融综合服务平台	Pre-A轮	数千万元人民币	华瓯创投（领投）、杭州市政府创投基金
9月18日	PingPong	第三方跨境支付公司	C轮	未披露	未披露
7月3日	Airwallex空中云汇	全球跨境支付平台	B轮	8000万美元	腾讯、红杉中国领投，高瓴资本、维港投资、Central Capital Ventura
6月4日	SellerGrowth/卖家成长网	跨境电商教育服务平台	A轮	数千万元人民币	零一创投
3月22日	PingPong	第三方跨境支付公司	B+轮	未披露	国际金融
2017年					
12月14日	Airwallex空中云汇	全球跨境支付平台	A+轮	600万美元	Square Peg Capital
9月28日	四海商舟	综合性海外市场拓展方案提供商	D轮	未披露	青蓝创投
5月22日	易麦宝	跨境电商云服务SaaS平台	天使轮	400万元人民币	英诺天使基金
5月1日	Airwallex空中云汇	全球跨境支付平台	A轮	1300万美元	红杉中国、万事达
4月27日	四海商舟	综合性海外市场拓展方案提供商	C轮	未披露	百兴年代
3月13日	PingPong	第三方跨境支付公司	B轮	未披露	广发信德、富达投资
2月23日	卓志跨境	跨境电商供应链服务商	战略投资	2亿元人民币	普洛斯GLP
2016年					
11月1日	金蟾云	跨境电商智能ERP系统	种子轮	数百万元人民币	未披露
8月30日	PingPong	第三方跨境支付公司	A轮	2000万美元	沃富资本、富达投资、斯道资本
8月26日	店小秘	跨境电商ERP提供商	Pre-A轮	未披露	大河创投，知初资本
8月2日	SellerGrowth/卖家成长网	跨境电商教育服务平台	Pre-A轮	数百万元人民币	丁香汇创投、创业邦天使基金

续表

时间	公司名称	主营业务	轮次	金额	投资方
7月24日	SellerGrowth/卖家成长网	跨境电商教育服务平台	天使轮	400万元人民币	英诺天使基金、大河创投、东方富海
7月5日	Airwallex空中云汇	全球跨境支付平台	Pre-A轮	300万美元	戈壁风投、引力创投、华山资本等
6月7日	小笨鸟	跨境电商服务平台	A轮	数千万元人民币	未披露
1月29日	马帮ERP	跨境电商ERP软件	Pre-A轮	数千万元人民币	创业黑马基金、梅花创投、微光创投
1月27日	马珂博逻	跨境电商综合运营服务商	A轮	1000万元人民币	颐成投资
1月12日	邻耘科技	主打非洲电商服务	天使轮	数百万元人民币	上海掌门科技
2015年					
11月13日	航天丝路	跨境电商供应链一体化服务平台	A轮	未披露	航天科工资产
11月10日	思亿欧网络科技	为传统外贸企业提供网络营销解决方案	A轮	5000万元人民币	帮实资本、蓝山投资
11月1日	马帮ERP	跨境电商ERP软件	天使轮	未披露	创业黑马基金
10月3日	卖到全世界	跨境电商卖家导航网站	天使轮	300万元人民币	未披露
9月29日	四海商舟	综合性海外市场拓展方案提供商	B轮	1500万元人民币	金茂资本
9月14日	PingPong	第三方跨境支付公司	天使轮	1500万元人民币	未披露
9月10日	前海浩方	跨境电商行业营销服务平台	B轮	未披露	君联资本、联想控股、兰馨亚洲
9月1日	SellerGrowth/卖家成长网	跨境电商教育服务平台	种子轮	425万元人民币	浩方创投、果动投资
6月30日	四海商舟	综合性海外市场拓展方案提供商	Pre-B轮	未披露	拉萨肯瑞企业投资咨询有限公司
3月10日	店小秘	跨境电商ERP提供商	天使轮	数百万元人民币	知初资本
1月21日	小老板	跨境电商ERP	天使轮	数百万元人民币	今日投资
2014年					
9月3日	前海浩方	跨境电商行业营销服务平台	A轮	未披露	君联资本

注：本篇服务商特指物流商之外的服务商

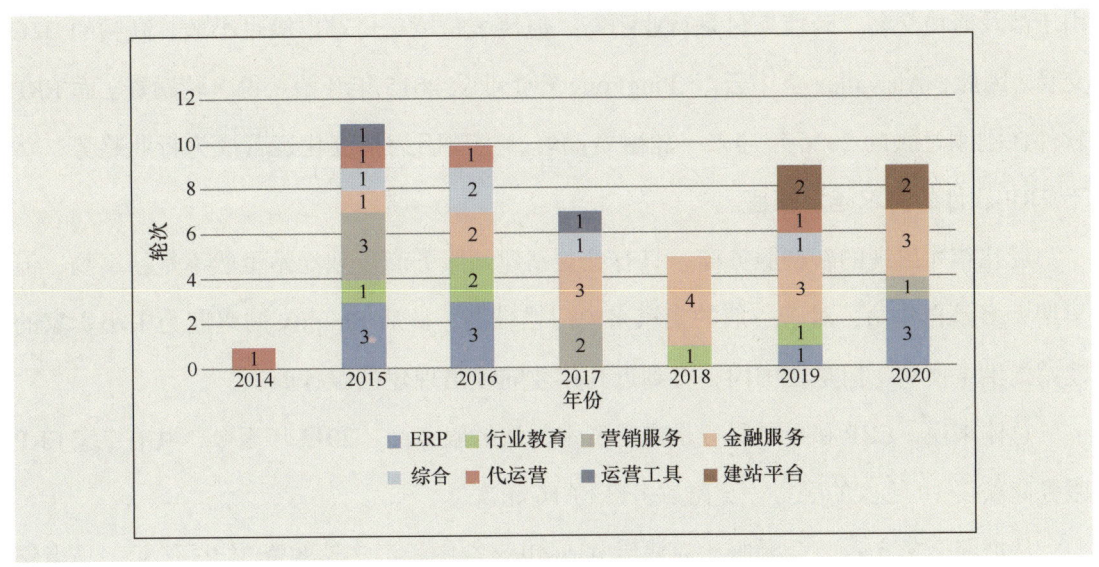

图4-1 跨境服务商融资轮次分布(2011—2020)

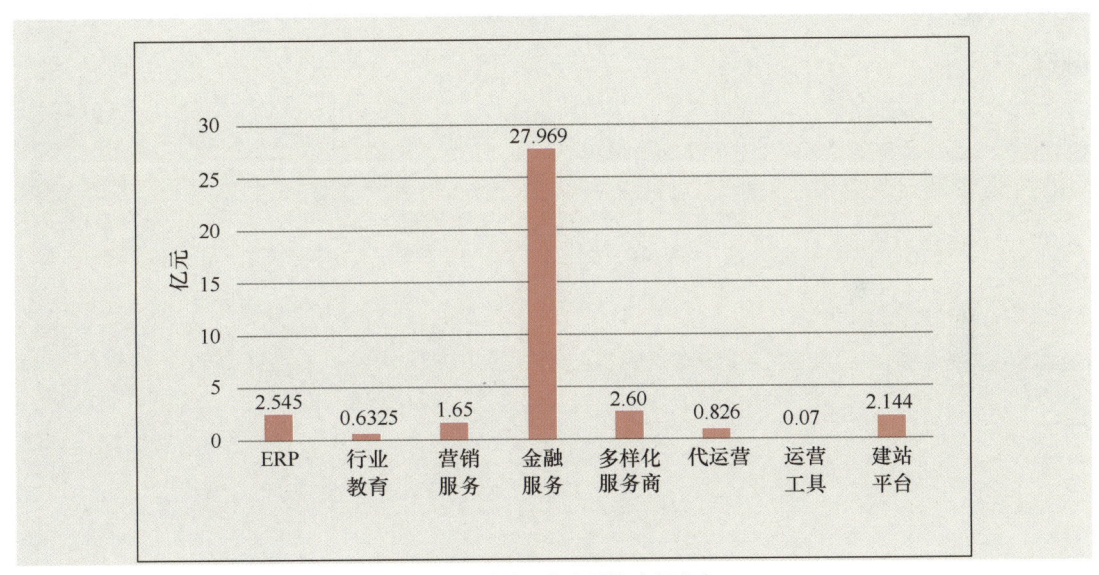

图4-2 跨境服务商融资金额分布

多样化服务商:指该企业提供至少两种以上核心服务的服务商。

在跨境电商发展初期,资本的注意力更多放在卖家身上,除了物流商以外,其他服务商很少能被资本关注。直到2014年,前海浩方才获得除物流外的服务商第一次融资。

但在2015年之后,伴随着跨境电商的迅猛发展,服务商也迎来了春天,融资数量显著提升。值得注意的是,服务商的融资轮次趋势几乎与跨境电商的趋势一致,本身依托于跨境电商卖家的服务商,其受资本关注的程度与卖家群体的发展息息相关。

细分到各类服务商,还是存在一定的时间差。支付类服务商相对比较早获得融资,由于涉及跨境交易，跨境支付是行业刚需，但传统跨境支付难以满足小额、高频的B2C交易。因此，Airwallex空中云汇、PingPong等企业从2015年开始获得多轮融资。而ERP软件在刚刚过去的2020年迎来一轮融资高峰，主要因为精细化运营成为行业趋势，对于ERP软件的需求越发旺盛。

近几年才出现的新型服务商，只有独立站建站服务商。独立站虽然不是新事物，但早期大多是自建站，对于一般的卖家来说门槛较高，此后Shopify的兴起为中小卖家的建站提供了便利。但是在国内，直到近几年才陆续出现建站服务商。

总体来说，ERP和金融服务是最受资本关注的服务商，2015年至今，共有7家ERP服务商获得10轮次的融资，金融服务获得16轮次。

从披露金额来看，金融服务商凭借Airwallex空中云汇7轮融资25.93亿元一马当先（PingPong多轮融资未披露金额），ERP服务商和综合服务商也都获得了2亿元以上的融资。

4.2 跨境电商沃土孕育的第三方支付

在金融服务商中,国内两家跨境支付服务商 Airwallex 空中云汇、PingPong 分别获得 7 轮和 6 轮融资。

其中,Airwallex 空中云汇共融资 25.93 亿元,不仅吸引了红杉、高瓴等头部机构,还吸引来腾讯、阿里等互联网大厂入局。而 PingPong 已向深交所提交申请,计划创业板上市。回顾国内跨境支付市场的发展,与 B2C 跨境电商交易的高速发展脱不开干系。由于跨境 B2C 贸易有着小额、高频、对回款速度要求高的特点,传统跨境支付手段无法满足这样的需求。

传统银行电汇汇款到账时间一般需要 3～5 天,而第三方跨境支付可以实现更快到账,快速回款不仅大大降低了商家的汇率损失风险,同时保证了其资金得以正常运转。

同时,银行电汇及汇款公司都存在手续费高昂、流程烦琐的痛点,第三方跨境支付机构通过聚集多笔小额跨境支付交易,有效降低交易成本,非常适用于金额小、数量多的跨境电商交易。

数据显示,2018 年全球跨境支付总金额达到了 125 万亿美元,预计 2022 年将达到 218 万亿美元。此外,2019 年中国第三方移动支付交易规模达 226.2 亿元,同比增速 18.75%,移动支付普及率已超过 86%,稳居世界首位。

除了第三方支付服务商之外,融资类金融服务商在经过新冠肺炎疫情之后,其重要性将不容忽视。主要体现在:海外仓备货会越来越成为趋势,库存增加意味着现金流会更加紧张;物流商在海外建仓,同样需要大量资金;各供应商面对越发延长的账期,现金流也会吃紧。

4.3
百花齐放的跨境电商 ERP

虽然 ERP 服务商的融资额不如金融服务商，但从广泛性来看，获得融资的 ERP 服务商却达 7 家之多，远比第三方支付的企业数量要多。

一方面，说明 ERP 系统在跨境电商日常运营中承担着十分重要的角色。跨境电商多平台、多商品、多店铺、多物流的业务特性，使得 ERP 在日常运营中能够大幅提高效率；同时，通过对运营数据的智能分析，能够更好地辅助管理者全面了解经营情况，并做出相应的决策。

另一方面，多家 ERP 服务商获得融资，也反映了目前跨境电商 ERP 市场参与者众多，各家的优势不同，尚未形成一家或者几家垄断的局面。

而在 2021 年初，易仓科技宣布完成 B 轮 4000 万美元融资，由投资机构 eWTP、Paradox LP 德国财团、CCV 创世伙伴领投，老股东五岳资本持续跟投。这是当时跨境电商 ERP 领域单笔最大的融资金额。

易仓科技致力于为所有平台卖家、所有体量卖家提供 ERP 服务。经过 8 年的发展，构建起了"软件+物流+货源+资源"的跨境生态，在软件板块，打通了 ERP、WMS、TMS、M2B、BI、刊登等多条产品线。截至 2020 年底，易仓平台客户电商年度总流水超过 1500 亿，占国内 B2C 跨境电商总量的近 10%。

从投资机构的角度看，ERP 服务商早期的开发成本是最大头的支出。当系统搭建好之后，边际成本会越来越低，也就是每服务一个卖家的新增成本就会越来越低。而且，ERP 系统不同于一般的服务，它不仅涉及公司的核心机密数据，一套 ERP 系统往往需要与操作人员、管理人员磨合一段时间，要置换新的 ERP 服务商成本较大。因此，非必要情况下，卖家一般不会更换 ERP 系统。

当原有业务形成一定规模后，ERP 服务商也在极力拓展自己的业务边界，发展第二曲线。

还是以易仓为例，一开始通过 ERP、WMS 系统切入跨境电商领域，但经过多年发展，除了软件系统外，还构建了跨境眼、易链、漼鸥派三大矩阵。

2017 年，为了打通跨境全链条生态闭环，对接全球资源，易仓孵化了跨境眼。

跨境眼是易仓旗下跨境电商优质内容和资源服务平台，有着丰富的海外仓、物流资源，以及优质的深度内容、行业研究报告和专注于跨境电商企业的管理培训，服务包含四大板块：跨境眼网站、跨境眼观察、LCD 精品物流、跨境眼海豚商学院。

2018 年，针对工厂和卖家的货源分销需求，易仓又孵化了易链。

易链是为供应商及分销商双向赋能的跨境电商分销服务平台，为 Amazon、Wayfair、eBay、Walmart 等平台卖家提供海外货源一件代发服务，解决卖家遇到的选品难、资金有限、海外仓服务门槛高、售后难等系列经营难题，现已覆盖美国、英国、德国、东南亚等地区。

而针对卖家成本中占比 20%~30% 的物流端，为了让上下游的链接更加高效，2019 年有了漼鸥派。

目前，漼鸥派提供货代揽收和运输资源分销服务，打通物流骨干网和毛细血管网，以科技引领跨境物流智变。通过推进"两横两纵"战略，建设整个物流行业的数字化基础设施，搭建面向未来的、基于跨境新场景下的智慧物流供应链解决方案，打造一张全球化的物流网络。

在长链条的跨境生态中，供应链、物流、资源、流量、组织管理等任何一环都会掣肘企业发展。一条能够打通各关键节点的出海产业链高速通路，是行业迫切需要的，这也是易仓构建起的"软件 + 物流 + 货源 + 资源"跨境生态能够持续获得融资的关键。

4.4

独立站建站平台本土化

独立站,其实并不是个新事物,早在十几年前就有兰亭集势、DX等一批独立站卖家。

但在过去,企业通常需要有强大的IT团队来搭建维护网站,一般的中小卖家难以承受这样的人力、财力消耗。

直至近几年,随着SaaS系统技术层面的突破,降低了建站门槛。同时,流量渠道的变化,让越来越多卖家意识到,只有形成自己的私域流量,才能够更好地沉淀精准客户。

因此,当亚马逊等电商平台的竞争态势越发激烈,平台卖家不得不另寻出路时,独立站以其自主性高、回款时间短、利润空间大、更利于凸显品牌价值等特点,吸引了不少平台卖家。

此前,大部分卖家只能选择Shopify这一建站平台。直至近几年,国内的独立站建站平台开始兴起。不完全统计,近年国内已冒出Shopline、Shoptago、ZID、店匠科技、Xshoppy等建站平台。

他们的优势在于更符合国内卖家的使用习惯,但是从体量上来看,与Shopify相去甚远。以下是对Shopify及其他中国本土建站平台的研究案例。

Shopify 和它的追随者们

2020年,Shopify黑五网一交易数据,全球超过100万Shopify商家在11月27日至30日期间共成交超过51亿美元,较上年同期增长76%。

根据财报信息，2020 年，Shopify 的 GMV 为 1196 亿美元，比 2019 年增长 96%。毛利润增长 78%，达到 15.415 亿美元。

令人艳羡的数据背后，一方面是零售线上化的激增。有数据显示，美国电商渗透率在 2020 年 4 月激增至 27%，达到历史新高。

另一方面，第三方平台竞争日益激烈、流量难以沉淀，促使越来越多卖家将目光投向独立站。

而除了跨境卖家，Shopify 的成功及独立站的火爆也吸引到越来越多建站 SaaS 服务商入局，意图分一杯羹。

有赞进军独立站

2020 年 11 月 27 日，在有赞 8 周年生态大会上，创始人白鸦宣布推出国际版产品 AllValue，针对全球零售及电商卖家提供独立站系统和商家服务。

其实早在 2018 年，有赞借壳创新支付（8083.HK）时，白鸦就喊出要深度对标 Shopify 的口号，并称有赞未来将全面超越 Shopify。

只不过，当时有赞的主战场是国内，与 Shopify 没有直接竞争。而 AllValue 的推出，将是二者正面交锋的开始。

而作为各自领域的龙头，不管是从市值、营业收入、增长率、GMV 等方面，有赞较 Shopify 都有不小的差距。

Shopify 2015 年在纳斯达克上市。5 年以来，其 GMV 从 2012 年的 7 亿美元增长到 2019 年的 611 亿美元；股价更是飙升 3700% 以上，达到 1300 亿美元，同期 eBay 和亚马逊的股价分别上涨 76% 和 375%。

2019 年，Shopify 营业收入达到 15.78 亿美元，超越 eBay 成为仅次于亚马逊的北美第二大的电商平台。

相较之下，有赞 2019 年总营收 11.71 亿元，同比增长 99.7%；商家通过有赞提供的 SaaS 产品产生的 GMV 为 645 亿元，同比增长 95%。截至目前，有赞市值约 370 亿港元。

当然，有赞在国内社交电商领域和新零售领域也积攒了不少经验。

有赞高级总裁周凯表示，有赞对电商业务的认知和商家服务的经验，尤其在社交化的电商模式和私域流量的运营方法上，以及交易系统的积累将会运用在海外市场。而谈及与 Shopify 的差异化竞争，周凯称 AllValue 产品功能上一定会做出更加适合本地用户的特性。

建站 SaaS 盈利难

根据 Mordor Intelligence 数据，预计 2025 年数字商务软件市场价值将达到 10397.24 亿美元的市场价值，2020—2025 年内复合年增长率预计达到 12.64%。

市场潜力大，但建站 SaaS 并不算是个美差事。综观国内外市场可以发现，SaaS 企业难以在短期内快速实现盈利。

由于 SaaS 产品采用订阅付费模式，客户贡献的现金流入分散在客户生命周期的每一年，而获客成本、研发成本等带来的现金流出是当年一次性付出的。

因此，SaaS 企业的现金流状况通常在前期会比较差，而且客户增速越快前期现金流出越大。

即便是 2020 年爆火的 Shopify，一直到 2019 年还是在亏损当中。数据显示，Shopify 2014 年研发成本为 2591 万美元，2018 年这项数据达到 2.31 亿美元。研发成本增长近 9 倍，成为其亏损的主要原因之一。

2020 年上市的独立站建站工具 BigCommerce 同样处于亏损状态，2018 年亏损 389 万美元，2019 年亏损 426 万美元。其 2020 年一季度现金流净流出 1000 万美元，而当时其账上仅 3300 万美元，不上市融资的话，只够撑 3 个多月。

国内的有赞也是如此。2019 年上半年，有赞经营亏损额为 4.11 亿港元，经营活动现金流为负 3.57 亿港元。

拓展服务边界

对于电商企业来说，除了短期的现金流和盈利表现，更重要的是长期的发展空间。

长期来看，由于单一 SaaS 产品的天花板明显，电商 SaaS 要保持长期增长，就需要持续丰富产品体系，并为商家提供金融、营销等更多的增值服务，从而扩大服务客群范围和提升客单价。

一般来说，电商 SaaS 企业通常会采取两种方式来实现产品体系和服务能力的拓展。

一方面，通过持续的自主研发投入，推出新产品和服务。另一方面，通过外延式的战略并购补充短板和实现协同，快速完善产品矩阵，拓展增值服务能力。

以 Shopify 为例，Shopify 从电商独立建站 SaaS 产品出发不断拓展产品线和开发者生态，延伸到服务中大型客户，自 2011 年开始就广泛与商业合作伙伴进行合作。

目前已有超过 1.5 万家种类、规模不一的设计、广告、软件、金融等服务商成为 Shopify 商业生态合作伙伴，完成了从工具向生态的进阶。

随着 Shopify 生态愈完善，越来越多的商户加入 Shopify，进而更多的服务商在 Shopify 基础上构建应用，进一步吸引商户加入，构成良性循环，这也逐渐成为其竞争壁垒之一。

国内的 Shopify 们

有赞不过是 Shopify 众多追随者之一，它不是第一个，也不会是最后一个。据统计，目前市场上的建站 SaaS 工具多达 477 个。

而在国内，也已有 Shoplazza 店匠、Shopyy、Shopline、Ueeshop、Shoptago、XShoppy 等多个建站平台，功能大同小异。

本土化，几乎是他们对比 Shopify 共有也可能是仅有的差异化优势。

公开资料显示，Shoplazza 完成 1.2 亿美元的总销售额；Shopline 商家数量超过 27 万家；Ueeshop 商户数量超 2 万家；XShoppy2019 年 GMV 达 4 亿美元；Shoptago 用户数超过 3000 家。

以上数据皆由平台自行公布，是否有水分不得而知。即便如实，相较 Shopify 还存在相当大的差距。

而在 2020 年 11 月，XShoppy、Ueeshop、Shoplazza 店匠、Shopyy 相继发布风控公告，坊间传言，Facebook 要封杀违规的站群卖家。

Xshoppy 称，短期内将不再接收新的卖家注册，将把战略重心全面转移到后端服务和供应链生态能力建设上。

Shoplazza 店匠表示，平台的风控系统将对近期由其他外部建站平台迁移的客户、同时使用 Shoplazza 店匠和其他外部建站平台的客户进行风险扫描。

尚不论封杀真假，各大建站平台先后收紧政策，与 2020 年独立站的疯狂生长、泥沙俱下不无关系。尤其是站群模式，网站粗糙、货不对板、虚假发货、虚假宣传等，导致客户的消费体验大打折扣。

对于已经过了追求用户规模时期的Facebook，任何破坏Facebook用户体验的行为都是违背其长期利益的，都可能引来封杀。

而由于独立站对站外流量的倚重，使掌握着搜索流量和社交流量闸口的Google、Facebook们拥有了相当大的话语权。

可以说，目前国内独立站建站SaaS的成绩一定程度上是建立在站群模式的阶段性泡沫之上，潮水退去，才知道谁在裸泳。

不管是Shoplazza店匠、XShoppy，还是后入局的AllValue，想要做中国的Shopify，都是任重而道远。

第 5 章 **平台篇**
通往云端的道路，只亲吻攀登者的足迹

5.1 跨境电商出海平台十年融资清单

表5-1　跨境电商出海平台十年融资表

时间	公司名称	主营业务	轮次	金额	投资方
2020年					
11月24日	大健云仓	大件商品跨境贸易B2B交易平台	战略投资	2.6亿元人民币	京东（领投）元禾控股
8月18日	领工云商	工业设备垂直领域跨境B2B交易平台	Pre-A轮	未披露	两江基金
8月6日	Fanslink	东南亚消费升级平台	Pre-A轮	数百万美元	活水资本
6月10日	西拼	跨境社交电商	Pre-A轮	500万美元	Powerscale Capital（领投）
2019年					
10月11日	Club Factory	出口电商服务平台	D轮	1亿美元	启明创投（领投）、贝塔斯曼亚洲投资基金、峰瑞资本、光源资本（财务顾问）
8月19日	Perfee	孟加拉国电子商务在线购物平台	种子轮	100万美元	未披露
7月31日	Surprise	中俄跨境电商平台	A轮	未披露	新浪微博基金
6月6日	品沃	出口电商UGC红人社交电商平台搭建	天使轮	未披露	险峰长青
5月13日	拓拉思	工业装备垂直跨境电商平台	Pre-A轮	850万美元	未披露
4月25日	骐茂电商	巴基斯坦跨境电商平台	A轮	1亿元人民币	英诺天使基金、臻云创投、上海大学产业园、中欧商学院校友基金
4月16日	卖到非洲网	建材电商平台	Pre-B轮	8000万元人民币	华创资本
4月1日	智度信息	跨境出口S2B2C	天使轮	未披露	险峰长青
1月15日	Fordeal/哆啦科技	电商出海一站式平台	C+轮	1500万美元	和玉资本、浅月资本（财务顾问）

第5章 平台篇：通过云端的道路，只亲吻攀登者的足迹

续表

时间	公司名称	主营业务	轮次	金额	投资方
2018年					
12月7日	Surprise	中俄跨境电商平台	天使轮	未披露	金沙江创投、险峰长青
12月1日	Fordeal/哆啦科技	电商出海一站式平台	C轮	4000万美元	高瓴资本（领投）、险峰长青、顺为资本、元璟资本、浅月资本（财务顾问）
9月3日	美时互享	美国市场女性购物电商	天使轮	数百万元人民币	险峰长青（领投）
7月25日	FunMart锋芒易商	中东、印度跨境出口电商平台	A+轮	3000万元人民币	钟鼎资本
6月1日	Fordeal/哆啦科技	电商出海一站式平台	B轮	1500万美元	顺为资本（领投）、GGV纪源资本、险峰长青、元璟资本、浅石创投
2月11日	Club Factory	出口电商服务平台	C轮	1亿美元	IDG资本、峰瑞资本、真格基金、昆仑资本、贝塔斯曼亚洲投资基金
1月1日	Fordeal/哆啦科技	电商出海一站式平台	A轮	350万美元	元璟资本（领投）、浅石创投（领投）、险峰长青
2017年					
11月6日	拓拉思	工业装备垂直跨境电商平台	Pre-A轮	1240万美元	磐通资本（领投）
9月23日	Kilimall	面向非洲市场的跨境电商平台	A轮	1000万美元	安赐资本（领投）
9月1日	FunMart锋芒易商	中东、印度跨境出口电商平台	A轮	数千万元人民币	IDG资本（领投）
7月21日	FunMart锋芒易商	中东、印度跨境出口电商平台	天使轮	2000万元人民币	天使投资人
6月14日	Fordeal/哆啦科技	电商出海一站式平台	天使轮	数百万元人民币	险峰长青
5月10日	WOOK	印尼首家移动电商平台	B轮	1.5亿元人民币	麦星投资（领投）、旦恩资本
3月14日	Club Factory	出口电商服务平台	B轮	未披露	贝塔斯曼亚洲投资基金
1月6日	跨海侠	跨境电子商务平台	A轮	数千万元人民币	富田资本（领投）
1月3日	越域网	跨境出口分销电商平台	Pre-A轮	数千万元人民币	未披露
2016年					
12月1日	好德软件	俄语版跨境电商平台	天使轮	500万元人民币	未披露

续表

时间	公司名称	主营业务	轮次	金额	投资方
10月22日	U-FUN 优范	专注俄罗斯市场的B2C出口跨境电商平台	天使轮	500万元人民币	未披露
6月16日	骐茂电商	巴基斯坦跨境电商平台	天使轮	数百万元人民币	英诺天使基金、臻云创投
5月4日	BingaBinga	跨境出口零售电商平台	天使轮	350万元人民币	Cherubic Ventures心元资本
3月15日	BellaBuy	定位于欧美年轻女性的移动跨境电商	Pre-A轮	1000万元人民币	安芙兰资本
3月1日	EZbuy	新加坡电商平台	B轮	2000万美元	IDG资本、华创资本、嘉御基金
3月1日	Club Factory	出口电商服务平台	A轮	数千万元人民币	峰瑞资本、真格基金、IDG资本
1月28日	Kilimall	面向非洲市场的跨境电商平台	天使轮	数百万元人民币	安赐资本
2015年					
10月30日	Surprise	中俄跨境电商平台	种子轮	未披露	险峰长青
10月20日	xberts智能创富	跨境电商垂直交易平台	A轮	未披露	Plug and Play Tech Center
7月24日	云豆科技	印度跨境S2B2C电商平台Milmila	Pre-A轮	1000万元人民币	华睿投资
6月7日	略合电子商务	中俄跨境贸易的供应链服务及外贸B2C平台	A轮	未披露	真格基金、红杉资本中国
3月19日	大龙网 DinoDirect	跨国外贸B2C及B2B网站	D轮	数千万美元	北极光创投
3月1日	Club Factory	出口电商服务平台	天使轮	数百万元人民币	IDG资本、真格基金
2月3日	阿尔比昂电商平台	跨国电子商务服务企业	A轮	未披露	未披露
2014年					
12月23日	EZbuy	新加坡电商平台	A轮	数百万美元	GGV纪源资本、IDG资本
12月15日	WOOK	印尼首家移动电商平台	A轮	3000万元人民币	旦恩资本（领投）、源政投资（领投）、微光创投、长安私人资本、创业黑马基金
12月7日	Deals99	主打外贸出口、面向国外人购买中国商品的电商网站	天使轮	数百万元人民币	挑战者资本、孝昌水木投资、天使汇、创新工场

续表

时间	公司名称	主营业务	轮次	金额	投资方
11月17日	OrderWithMe	面向海外中小商家的中国商品团购和批发服务网站	B+轮	数千万美元	Advantage Capital Partners、硅谷银行Silicon Valley Bank、Vegas Tech Fund、SOS Ventures
11月1日	WOOK	印尼首家移动电商平台	Pre-A轮	400万元人民币	创业黑马基金（领投）
10月12日	WOOK	印尼首家移动电商平台	天使轮	数百万人民币	微光创投
9月12日	敦煌网DHgate	主打外贸B2B的电商服务平台	D轮	亿元以上人民币	华创资本
7月21日	Boxintheship宝舟科技	海外B2C电商平台	A轮	未披露	启创资本（浙江天德创投）
1月1日	云豆科技	印度跨境S2B2C电商平台Milmila	天使轮	数百万人民币	未披露
2013年					
12月1日	OrderWithMe	面向海外中小商家的中国商品团购和批发服务网站	B轮	600万美元	Infinity Venture Partners（IVP）、中国加速Chinaccelerator
1月1日	大龙网DinoDirect	跨国外贸B2C及B2B网站	C轮	数千万美元	SIG海纳亚洲
2011年					
12月1日	OrderWithMe	面向海外中小商家的中国商品团购和批发服务网站	A轮	300万美元	Infinity Venture Partners（IVP）、中国加速Chinaccelerator
11月1日	借卖网	外贸货源分销服务平台	A轮	2000万元人民币	深创投、福田投资
10月1日	OrderWithMe	面向海外中小商家的中国商品团购和批发服务网站	天使轮	数十万美元	中国加速Chinaccelerator
1月1日	Tradesparq	社会化的外贸B2B电子商务网站	天使轮	数十万美元	AngelVest天使谷
1月1日	大龙网DinoDirect	跨国外贸B2C及B2B网站	B轮	数千万美元	风和投资

跨境电商出海平台：从 B2B 到 B2C，从全品类到垂直化

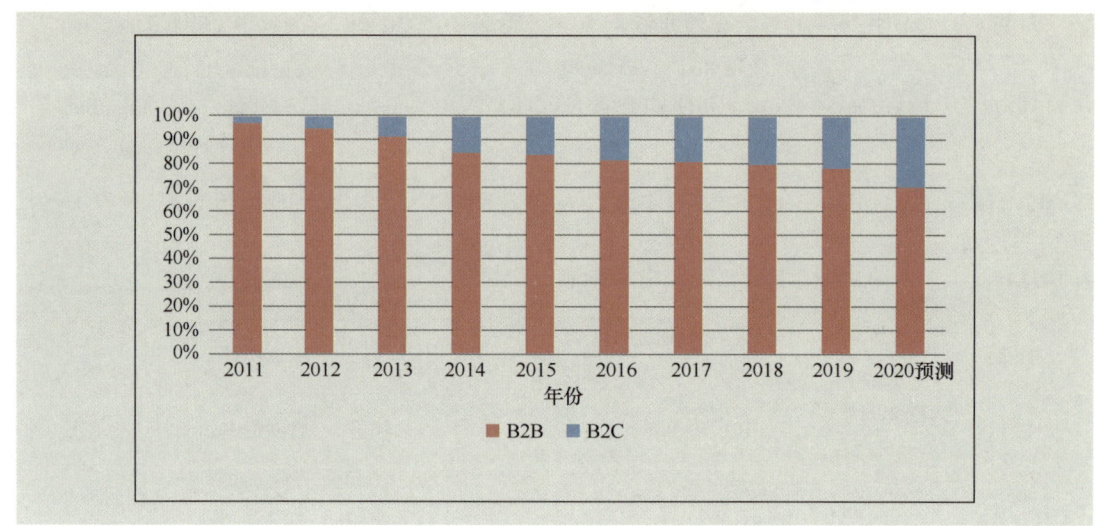

数据来源：海关总署

图5-1 中国跨境电商业务模式结构

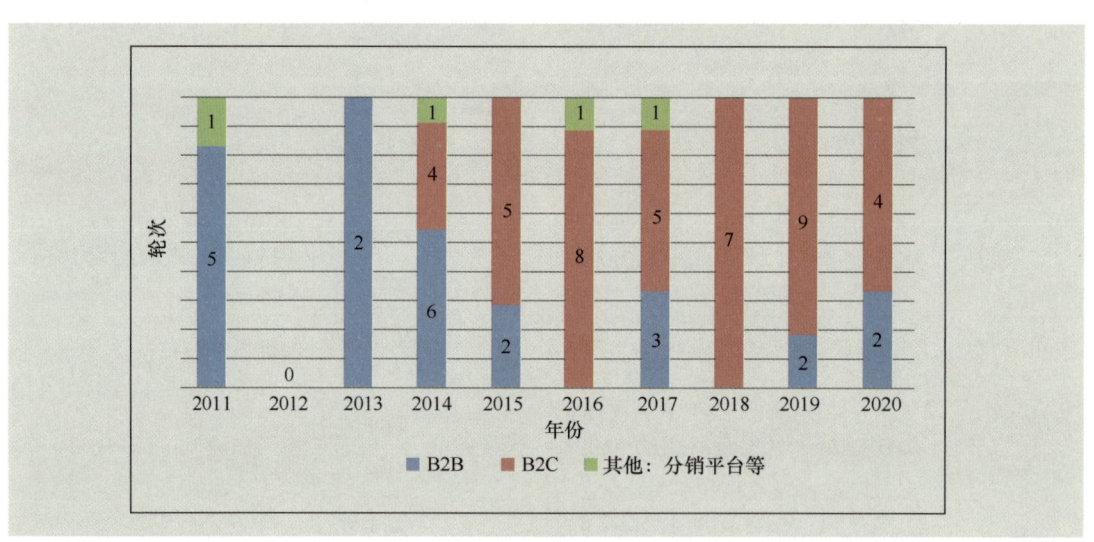

图5-2 跨境电商平台融资数量分布

近十年来，出海电商平台的投融资事件共69起，其中B2B平台融资自2015年以后就每况愈下，B2C平台越来越受资本青睐。这一融资变化趋势与中国电商出口业务模式结构变化相仿，虽然目前B2B还是出口跨境电商的主流，但是很明显，B2C业务在出口跨境电商中所占比重越来越大。

大势所趋下，不少平台也开始由B2B转型为B2C。比如卖到非洲网，作为一家主要

通过在非洲自建海外仓和小展厅的建材电商 B2B 平台，自 2017 年 4 月开始转型，除了 B 端用户外，还积极拓展 C 端用户。

表5-2 2011—2020年跨境电商B2B平台融资情况

时间	企业名称	简介	融资轮次	融资金额	投资机构
2020年					
11月24日	大健云仓	大件商品跨境贸易B2B交易平台	战略投资	2.6亿元人民币	京东（领投）元禾控股
8月18日	领工云商	工业设备垂直领域跨境B2B交易平台	Pre-A轮	未披露	两江基金
2019年					
5月13日	拓拉思	工业装备垂直跨境电商平台	Pre-A轮	850万美元	未披露
4月16日	卖到非洲网	建材电商平台	Pre-B轮	8000万元人民币	华创资本
2017年					
11月6日	拓拉思	工业装备垂直跨境电商平台	Pre-A轮	1240万美元	磐通资本（领投）
2015年					
3月19日	大龙网DinoDirect	跨国外贸B2C及B2B网站	D轮	数千万美元	北极光创投
2014年					
9月12日	敦煌网DHgate	主打外贸B2B的电商服务平台	D轮	亿元以上人民币	华创资本
2013年					
12月1日	OrderWithMe	面向海外中小商家的中国商品团购和批发服务网站	B轮	600万美元	Infinity Venture Partners（IVP）、中国加速Chinaccelerator
1月1日	大龙网DinoDirect	跨国外贸B2C及B2B网站	C轮	数千万美元	SIG海纳亚洲
2011年					
12月1日	OrderWithMe	面向海外中小商家的中国商品团购和批发服务网站	A轮	300万美元	Infinity Venture Partners（IVP）、中国加速Chinaccelerator
11月1日	借卖网	外贸货源分销服务平台	A轮	2000万元人民币	深创投、福田投资
10月1日	OrderWithMe	面向海外中小商家的中国商品团购和批发服务网站	天使轮	数十万美元	中国加速Chinaccelerator
1月1日	Tradesparq	社会化的外贸B2B电子商务网站	天使轮	数十万美元	AngelVest天使谷
1月1日	大龙网DinoDirect	跨国外贸B2C及B2B网站	B轮	数千万美元	风和投资

从跨境电商 B2B 平台近十年的投融资事件来看，2015 年以前获得融资的 B2B 电商平台均为全品类平台，而 2017 年以后则以垂直 B2B 电商平台为主。例如，工业装备垂直跨境电商平台拓拉思先后获得近 2000 万美元的 A 轮融资；在 2020 年仅有的 4 起电商平台融资事件中，包含了大健云仓和领工云商两家垂直 B2B 交易平台。

一方面，因为阿里国际站在 B2B 电商平台中占据了大部分的市场份额，出海 B2B 电商平台要想发展，必须与阿里国际站形成差异化，垂直化是自然使然。

另一方面，受新冠肺炎疫情影响，传统外贸加快向线上转型，B2B 电商平台迎来发展机会；同时，海外仓的发展为家具、工业设备等大件货提供了新的出海通路，"垂直化 B2B 电商平台＋海外仓"的模式因此得以发展。

以大健云仓为例，其业务模式为：搭建面向大件产品的交易服务 B2B 平台，同时依托成熟的大件仓储物流体系，提供从交易到支付、售后的完整服务链条。在 2020 年 11 月 24 日，获得总额达 2.6 亿元人民币的新一轮融资，由京东集团领投、元禾控股等机构跟投。

5.2 新兴市场的跨境电商平台机会

表5-3 中国主要跨境电商出海平台在国际新兴市场的分布

地区	平台			
非洲	Kilimall	卖到非洲网	/	/
俄罗斯	Surprise	好德软件	U-FUN优范	略合电子商务
东南亚	EZbuy	WOOK	Fanslink	
中东	FunMart锋芒易商	Fordeal	/	/
南亚	骐茂电商	云豆科技	Club Factory	Perfee

从2014年起，新兴市场的电商平台开始陆续获得投资。2014年印尼电商平台WOOK获得3轮融资；2015—2017年，新兴市场全面开花，俄罗斯、印度及中东、南亚、非洲等各个区域的电商平台均获得投资。

例如，主攻非洲市场的Kilimall，是第一家在非洲设立海外仓，第一家在非洲提供当日达、次日达，也是第一家实现100%在线支付的中国公司。目前，Kilimall已成为东非本土领先电商平台，为近千万非洲用户带去了近千万种各类高性价比的商品。

成立于2015年的骐茂电商，于2015年和2016年在巴基斯坦等南亚地区，分别推出跨国电商B2C平台Cheezmall、跨国电商B2B2C平台Shopplus之后，2019年又上线了跨国社交电商平台驼小铃Tosharing。

主攻印度市场的Club Factory，2016年上线至今，平台已在29个国家上线，拥有8000多万用户，已成为印度排名前三的电商平台。

FunMart在沙特和阿联酋的APP下载排行榜均长期稳定位居Top10，其中在沙特的排行稳定在Top5左右。另一中东电商平台Fordeal从2017年37万用户，到2018年新增1600万用户，2019年1—9月新增2700万用户。2018年销售额达10亿元，2019年超过20亿元。

印度、中东市场频出黑马

表5-4 印度、中东B2C平台融资情况

时间	企业名称	简介	主要区域	融资轮次	融资金额	投资机构
2019年						
10月11日	Club Factory	出口电商服务平台	印度	D轮	1亿美元	启明创投（领投）、贝塔斯曼亚洲投资基金、峰瑞资本、光源资本（财务顾问）
1月15日	Fordeal/哆啦科技	电商出海一站式平台	中东	C+轮	1500万美元	和玉资本、浅月资本（财务顾问）
2018年						
12月1日	Fordeal/哆啦科技	电商出海一站式平台	中东	C轮	4000万美元	高瓴资本（领投）、险峰长青、顺为资本、元璟资本、浅月资本（财务顾问）
6月1日	Fordeal/哆啦科技	电商出海一站式平台	中东	B轮	1500万美元	顺为资本（领投）、GGV纪源资本、险峰长青、元璟资本、浅石创投
2月11日	Club Factory	出口电商服务平台	印度	C轮	1亿美元	IDG资本、峰瑞资本、真格基金、昆仑资本、贝塔斯曼亚洲投资基金
1月1日	Fordeal/哆啦科技	电商出海一站式平台	中东	A轮	350万美元	元璟资本（领投）、浅石创投（领投）、险峰长青
2017年						
9月1日	FunMart锋芒易商	中东、印度跨境出口电商平台	中东、印度	A轮	数千万元人民币	IDG资本（领投）
7月21日	FunMart锋芒易商	中东、印度跨境出口电商平台	中东、印度	天使轮	2000万元人民币	天使投资人
6月14日	Fordeal/哆啦科技	电商出海一站式平台	中东	天使轮	数百万元人民币	险峰长青
3月14日	Club Factory	出口电商服务平台	印度	B轮	未披露	贝塔斯曼亚洲投资基金
2016年						
3月1日	Club Factory	出口电商服务平台	印度	A轮	数千万元人民币	峰瑞资本、真格基金、IDG资本
2015年						
7月24日	云豆科技	印度跨境S2B2C电商平台Milmila	印度	Pre-A轮	1000万元人民币	华睿投资
2014年						
1月1日	云豆科技	印度跨境S2B2C电商平台Milmila	印度	天使轮	数百万元人民币	未披露

在所有新兴市场中，出海印度和中东两大新兴市场的电商平台备受资本关注，Club Factory、Fordeal 两大平台都在短时间内获得多轮融资。

2016 年 3 月，主攻印度市场的 Club Factory 完成了数千万元人民币的 A 轮融资，由峰瑞资本领投；2017 年 1 月完成近 2000 万美元 B 轮融资，2018 年 2 月还获得了 C 轮 1 亿美元的融资；2019 年 10 月获得由启明创投等数家海内外基金领投、老股东峰瑞资本和 BAI 追投的 1 亿美元 D 轮融资。Club Factory 在投资市场颇受欢迎。

2017 年 12 月至 2018 年 1 月，主攻中东市场的 Fordeal 获得由元璟资本和浅石创投领投的 A 轮融资；2018 年 5 月，获得由顺为领投的 B 轮融资，老股东跟投；2018 年 12 月，获得由高瓴领投的 C 轮融资，老股东跟投；2019 年 1 月，获得和玉资本领投的 C+ 轮融资。

2017 年 3 月，亚马逊宣布以估值 6.5 亿美元收购中东电商平台 SOUQ。被亚马逊收购后，SOUQ 变成了亚马逊的中东站点。

在诸多热门新兴市场中，印度和中东市场为何特别受资本青睐？

其一，东南亚 B2C 电商市场由 Shopee、Lazada、Tokopedia 三分天下，新入场选手难以与其抗衡。近 5 年来，Shopee 母公司 Sea 累计融资 26 亿美元、Lazada 累计融资 42 亿美元、Tokopedia 累计融资 28 亿美元，背后是红杉、软银、GGV 等美元资本的身影，以及腾讯、阿里、京东等国内巨头的涉足。

其二，资本通常会从人口、消费力和当地的经济驱动因素三方面来考量。印度有 3 亿至 5 亿人口的基础，且年轻人比例高，虽然消费力还在比较早期的阶段，但未来发展空间巨大。

而中东虽然人口不多，但人均收入和人均 GDP 高，消费力很强。更重要的是中东国家所需商品以进口为主。这样的产业结构也就决定了中东国家对进口商品的接受度和依赖度很高。

加之，许多中东国家出台一些有利于电子商务发展的政策。比如，阿联酋批准了 122 个外国投资者可拥有 100% 所有权的经济项目，沙特物流最后一公里牌照，等等。

5.3 资本为什么看好新兴市场电商平台

下沉市场，市场增量潜力大

电商平台要发展，都在不断地寻找新的市场增量。如国内，拼多多的横空出世，正是瞄准了下沉市场。同理，若将眼光放大至全球，电商市场较为成熟的欧美市场长期被亚马逊、eBay 等巨头占据，新的市场增量会出现在哪儿？答案是下沉市场。

这里讨论的下沉市场指的是从电商较成熟区域下沉到电商欠发达国家和地区，国内电商是从一、二线城市下沉到三、四线城市以及农村地区；映射到跨境电商行业，则是从电商市场较为成熟的欧美市场下沉到电商欠发达的国家和地区。

这些电商欠发达地区都拥有共同的特点：互联网渗透率高但电商渗透率低、人口众多、轻工业欠发达……而这些的背后都代表着电商市场的增量。

以印度市场为例，作为人口第二大国，据统计 2019 年印度总人口高达 13.4 亿，且预计于 2024 年超越中国，成为世界第一大人口国。此外，印度人口结构高度年轻化，有 37% 即接近 5 亿的人口年龄在 20 岁以下，年轻化的人口对于互联网、社交媒体和电商拥有更高接受度。这也就意味着巨量的电商潜在需求。

政策加快推动跨境电商出口繁荣，吸引资本关注

从宏观的角度来看，当国际贸易大格局出现波动的时候，相关的区域市场自然会受到关注。2013 年以来，我国提出"一带一路"倡议，资本的动向，也一直在跟着国家政策导向走。

中国商务部公布的最新数据显示，2020 年中国对外非金融类直接投资 1101.5 亿美元，同比下降 0.4%，但对"一带一路"沿线国家投资大增 18.3%，占同期总额比重达 16.2%，全年与沿线国家的货物贸易额达 1.35 万亿美元，同比增长 0.7%。

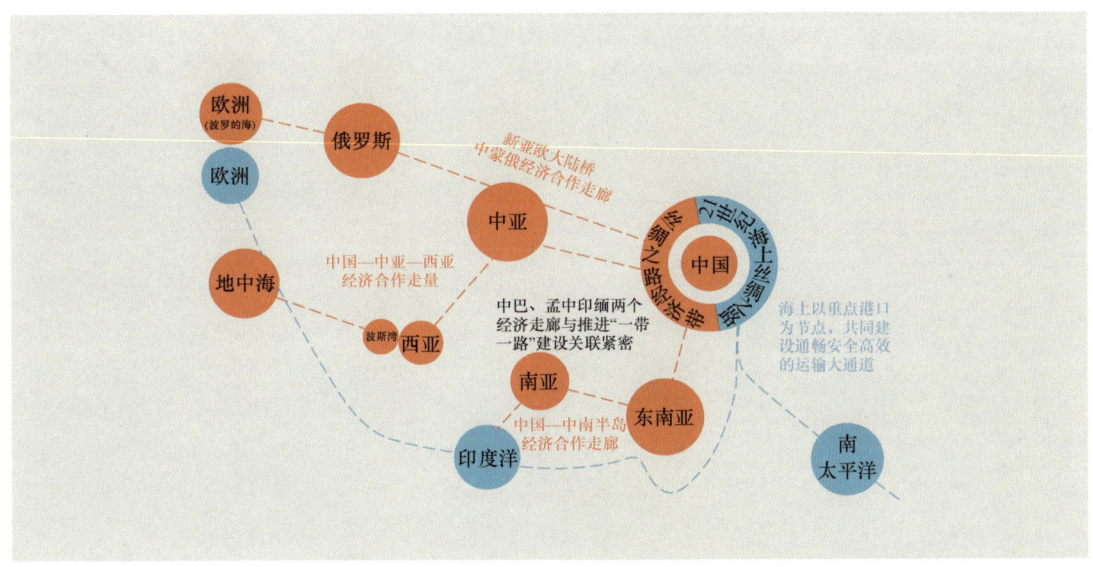

图5-3 "一带一路"倡议联动区域示意图

除"一带一路"外，2020 年还有一大重磅协定正式签署——RCEP。

RCEP 是到目前为止全球最大的自贸协定，成员国共 15 个，总计人口、经济体量、贸易总额均占全球总量 30% 左右。协定生效后区域内 90% 以上的货物贸易将最终实现零关税。

RCEP 协定中的一大"亮点"是中、日两国首次建立直接的自贸区关系。一方面，关税的减免降低了产品出口的成本，利润将释放给卖家，中日间的贸易往来也将愈加频繁。据国际智库测算，2025 年 RCEP 可望带动成员国出口增长比基线高 10.4%。另一方面，清关报税的流程也将进一步简化，得以提高时效和降低运输成本。业内分析人士指出，1210、9610、9710、9810 等中国跨境电子商务海关监管模式及技术平台也很有可能被协议内国家借鉴、参考及推广应用。

体现在跨境电商行业，一是中小企业进入日本电商市场的门槛大大降低，将会有越来越多卖家加入竞争；二是两国间的贸易货量增大会促使物流公司、航运公司等扩张运力以吃下庞大的订单增量，未来运力紧张的难题将得以缓解，同时跨境电商物流的竞争也会因此加剧。

可见，日本电商市场的发展潜力不容忽视。顺便一提，国内巨头腾讯在 2021 年 3 月 12 日发布公告，称将入股日本最大的电商集团"乐天株式会社"。

5.4
【案例研究】拉美市场的大爆发

SheIn、环球易购等大卖家纷纷布局拉美

这些年来,拉美市场慢慢进入拓荒者们的视野。2019年10月,东南亚电商巨头Shopee正式推出了巴西站点,是布局拉丁美洲的第一步;一个多月后,深耕俄罗斯市场的电商平台Joom也表示2020年将重点发展拉美市场;而在此之前,专注中东市场的SheIn也悄然在墨西哥、巴西布局,成为巴西和墨西哥的头部卖家。

除SheIn外,兰亭集势、环球易购、傲基、有棵树、Anker等中国跨境电商头部卖家已进入拉美市场布局。

2013年,兰亭集势就开始布局拉美市场,且取得不俗的成绩。据当年第二季度财报显示,其在南美洲的营业额为730万美元,大增196.9%,占比为10.1%,成为继欧洲、北美洲后的第三大市场。时任的董事长兼CEO郭去疾表示:"我们在全球各地都实现了业务扩张,主要是来自欧洲和南美地区的数倍增长,特别是俄罗斯和巴西这两个国家。"后来业务虽有所萎缩,但在2020年,其购物APP在巴西APP Store上的排名上升了31名。而环球易购旗下的GearBest在南美表现也不错,根据跨境通2019年财报显示,南美洲营收占总营收的1.1%。

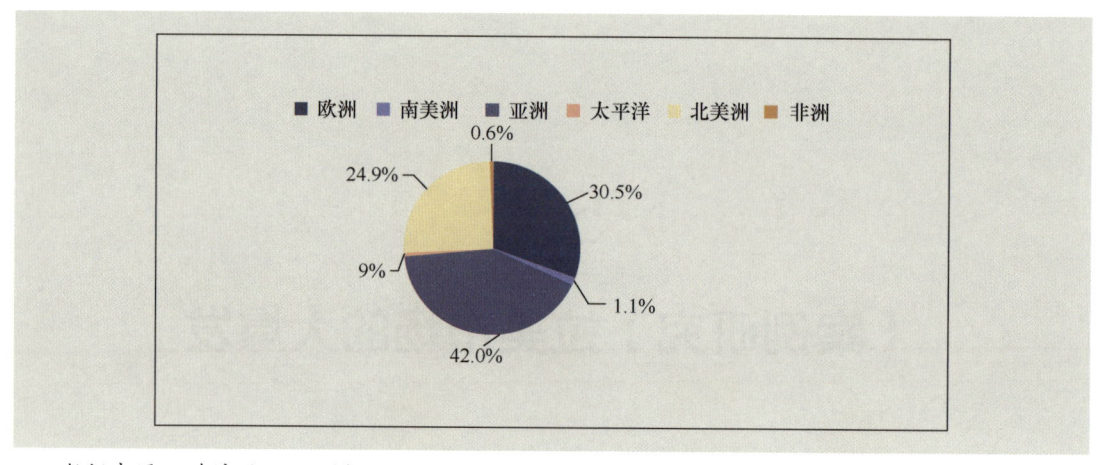

数据来源：跨境通 2019 财报

图5-4　2019年跨境通全球各地区营收占比

除了跨境大卖和平台纷纷抢占拉美市场，国内手机品牌 OPPO 也将目光瞄准了拉美市场。2020 年 8 月 27 日，OPPO 正式与拉丁美洲最大电信运营商美洲电信达成合作，将通过美洲电信旗下运营商 Telcel 与 Claro，陆续进入墨西哥及其他拉美市场。此外，资本市场也表现出强烈的信心和兴趣。据外媒报道，软银 2020 年预计在拉丁美洲投资 10 亿美元，重点是电子商务、医疗保健和互联网金融技术等行业，并且已经锁定了 650 家有前景的公司。"拉美热"的春风已经吹起，不少的中小卖家也开始考虑布局。

下一站会是拉美吗

国内跨境大卖家、品牌商以及资本纷纷押注拉美，无一不是看中了拉美地区的发展潜力。

一是当地的人口红利和巨大的购买需求。拉丁美洲有约 6.51 亿人口。因工业化较为落后，本土产品的竞争力不强，中国制造具备很强的优势；同时，当地的流行趋势受欧美主导，女性美妆需求高。此外，据 Forrester Research 公司的调查预测，到 2023 年，阿根廷、巴西、智利、哥伦比亚、墨西哥和秘鲁 6 个国家的消费者的网络消费将达到 1290 亿美元。

表5-5 拉丁美洲各国智能手机用户数量及占比

2014—2019年拉丁美洲各国智能手机用户数与渗透率（%）						
	2014	2015	2016	2017	2018	2019
智能手机用户数（百万）						
巴西	39.7	49.1	57.8	65.8	72.5	77.6
墨西哥	31.3	38.5	45.2	51.7	57.9	62.4
哥伦比亚	14.4	16.7	19.0	20.9	22.6	24.3
阿根廷	11.0	13.3	15.5	16.9	18.3	19.8
智利	6.3	7.1	7.9	8.7	9.3	9.8
秘鲁	5.1	6.2	7.3	8.3	9.3	10.1
其它	19.8	25.0	29.7	34.0	38.1	41.5
Latin America	127.6	155.9	182.4	206.3	228.0	245.6
智能手机用户渗透率（%）						
智利	49.7%	55.5%	60.9%	65.7%	69.7%	72.8%
哥伦比亚	45.3%	51.4%	57.4%	62.1%	66.0%	69.7%
墨西哥	40.1%	47.7%	54.1%	60.4%	66.2%	70.0%
阿根廷	36.7%	43.5%	49.3%	53.0%	56.7%	60.2%
巴西	31.3%	37.6%	43.3%	48.2%	52.0%	54.8%
秘鲁	28.7%	33.5%	38.2%	42.5%	46.5%	49.7%
其它	22.4%	27.6%	32.0%	35.9%	39.5%	42.3%
Latin America	33.1%	39.3%	44.9%	49.7%	53.9%	57.0%

此数据包含拥有至少一部智能手机并每月至少使用一次智能手机的所有年龄段的个人
数据来源：eMarketer，2015年7月
193868   www.eMarketer.com

★ 数据来源：eMarketer。

二是当地互联网普及程度扩大，移动化购物人群日益增加。与东南亚类似，拉丁美洲也正处于线上经济的高速发展期，在巴西，有1.47亿人可以使用互联网，其中97%的人拥有智能手机。据GSMA预测，到2020年，拉丁美洲将拥有4.5亿个移动互联网用户，成人普及率达到100%。Visa数据显示，拉丁美洲有1300万人在2020年第一季度首次进行了网上购物，并且这一增长还在继续。"消费者不再因为无法亲自看到或感受产品就放弃在网上购买产品。"Kantar创意负责人SebastiánCorzo表示，消费者购物行为的改变正在带动电商销售的增长。

三是拉丁美洲电商销售在疫情期间仍保持强劲增长。近年来，拉美电商销售一直在保持稳定增长，根据EBANX数据显示，2019年，全球平均线上销售增长率为20.7%，拉丁美洲线上销售增长率则达到21.3%，成为世界上增速第二的电子商务市场。

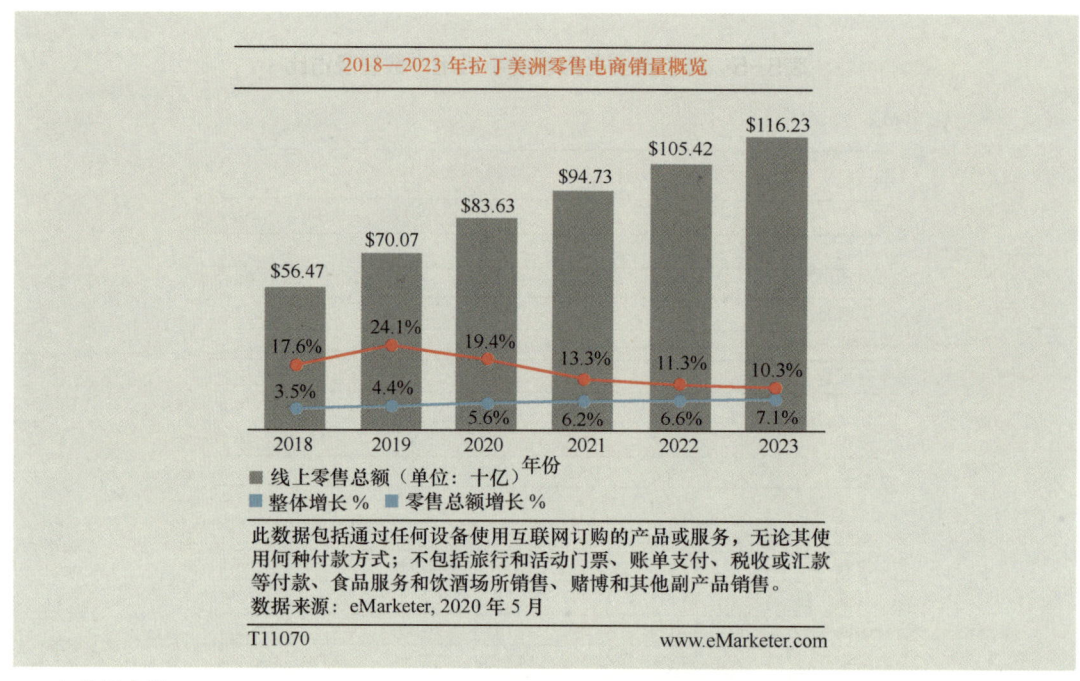

＊数据来源：eMarketer。

图5-5 2018—2023年拉美电商零售规模

eMarketer 的报告显示，2019 年拉美一跃成为全球第四大零售市场，预计 2021 年拉美电商规模将达 1180 亿美元。

拉丁美洲电子商务研究所所长 Marcos Pueyrredon 表示，2020 年 4 月某些类别的销售额增长令人印象深刻。我们达到了需要 5 年才能实现的增长。

拉美电商巨头 Mercado Libre 也表示，在 2020 年 3—4 月，拉美地区在线购买量增长了 387%。总的来说，拉美地区轻工业欠发达、人口多，是一个拥有巨大体量、处在高速增长但仍然有待成熟的电商市场，前景可期。那么，如今整个拉美电商市场又呈现怎样的格局呢？

掘金拉美"处女地"，中国卖家要注意这三点

在聚光灯下，2020 年拉美电商市场一路高歌猛进，呈现出以下三大特点。

1. 拉美国家和地区：巴西第一、墨西哥第二，两大潜力市场不能忽视

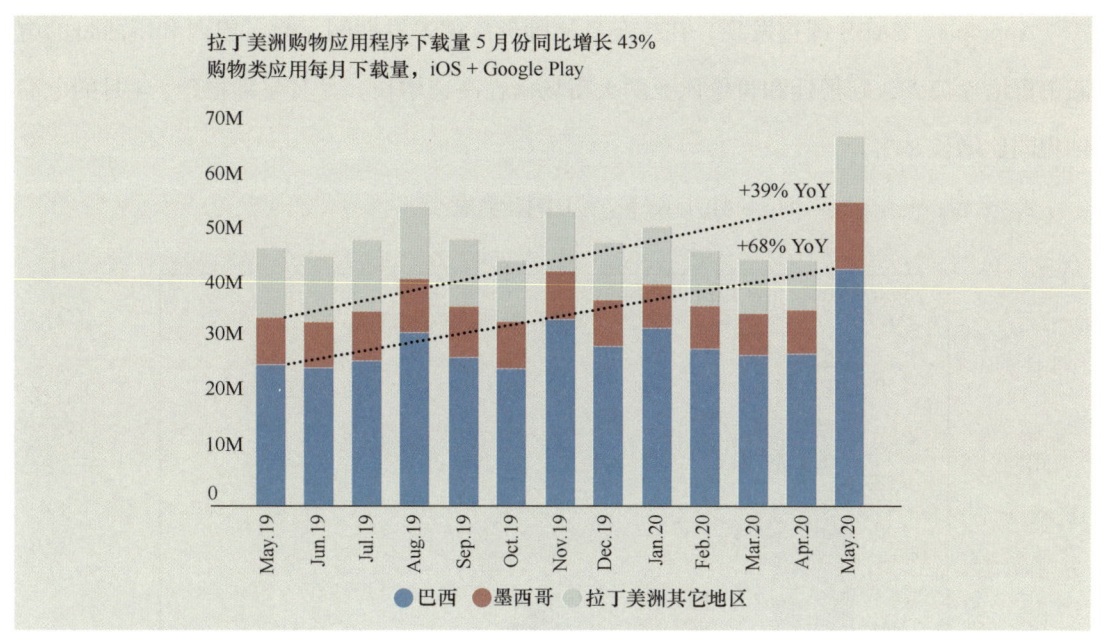

★ 数据来源：Apptopia。

图5-6　拉美购物类APP下载量

根据 Apptopia 数据显示，2020 年 5 月拉美洲购物类 APP 的下载量同比增长了 43%，其中巴西和墨西哥的同比增长量最高，是拉美电商购物的主要增长动力。巴西作为拉丁美洲最大的电商市场，占了拉丁美洲 42% 的市场份额；墨西哥是拉丁美洲的第二电商市场，占据了 15.6% 的市场份额。因此，想要进入拉美市场，可优先考虑进军这两个市场。

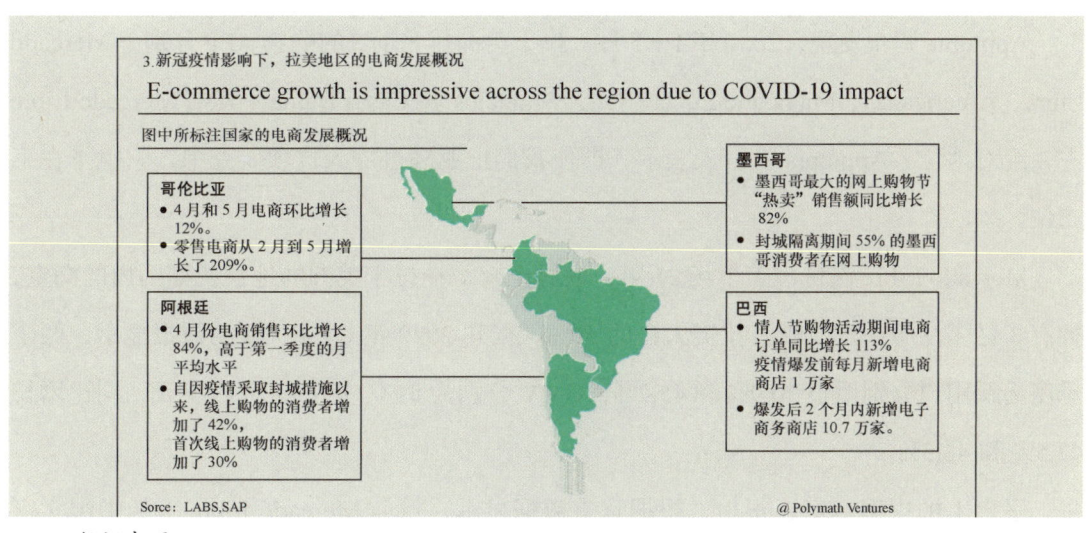

★ 数据来源：LABS。

图5-7　疫情影响下拉美地区的电商销售增速

Apptopia、LABS 调查发现，在拉美新冠肺炎疫情爆发期间，除了巴西和墨西哥的电商销售增速惊人，阿根廷和哥伦比亚两大市场也在高速增长。尤其是阿根廷，4 月的电商销售同比增长 84%。

2. 平台：Mercado Libre 独步天下，但中国卖家少

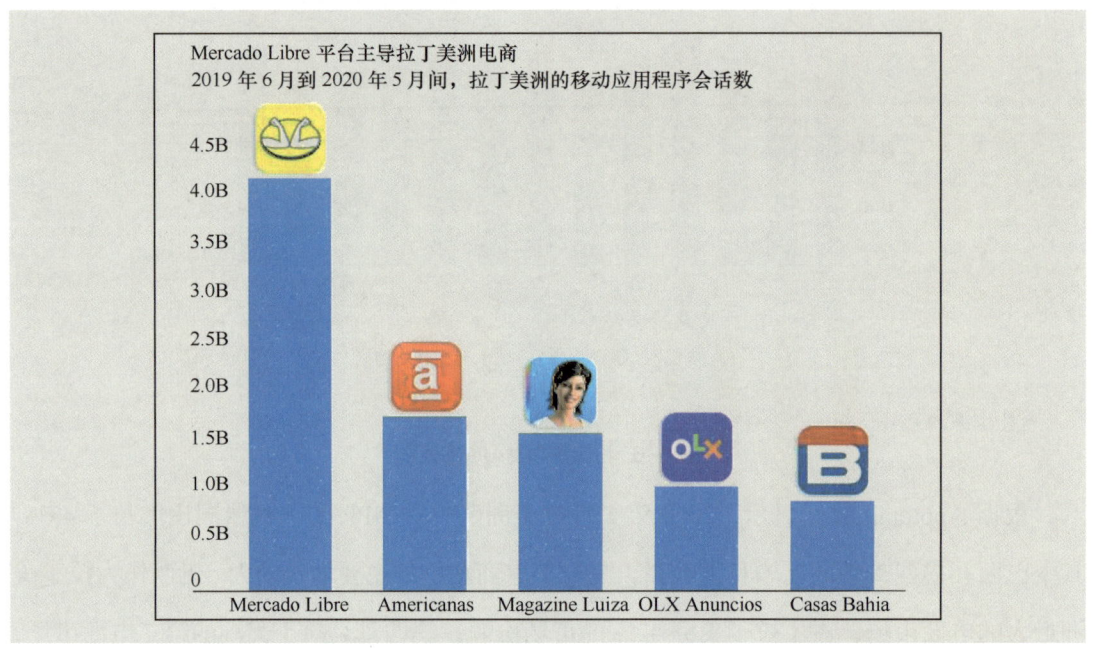

★ 数据来源：Apptopia

图5-8 拉美购物APP内会话排名（2019年6月—2020年5月）

Apptopia 调查发现，2020 年 1—5 月，拉丁美洲排名前 5 的购物 APP 分别是 Mercado Libre、Americanas、Magazine Luiza、OLX Anúncios 和 Casas Bahia，其中 Mercado Libre 占领绝对地位。Apptopia 发言人表示，即使我们把亚马逊加入这项研究中，它也排在第二位。

Mercado Libre 深耕拉美市场 21 年，发展至今，在拉丁美洲的地位犹如国内的淘宝，拥有 3 亿多注册用户，约占拉美人口的 50%。据其 2020 年 Q1 和 Q2 的财报显示，两个季度活跃用户分别增长 30.9% 和 45.2%，GMV 分别为 81 亿美元和 50 亿美元，同比增长 43.5% 和 48.5%。

平台上的中国卖家还很少，根据官方数据显示，目前 Mercado Libre 上的中国卖家仅有 300 家左右，店铺 GMV 在 250K 美元 / 个左右，仅仅只占全平台 GMV 的 0.3%。

2020年，Mercado Libre招募了更多的中国卖家："如果您在其他平台有运营经验，产品客单价超过USD15，月GMV达到6万美元，即可申请开店。"

3. 配套设施：有待完善

物流清关是最大障碍。物流方面的难度，尤其是清关难，是目前阻碍中国商家垦荒这一电商沃土的最大障碍。

以巴西为例，物流基础设施处于相对落后的状态，只有主要的物流通路较完善，枝干物流通路依旧差。且清关政策烦琐，关税还高，导致不少跨境包裹不能正常通关，或通关时间过长。某巴西物流商表示："发往巴西的包裹有30%都卡在清关上。"

对于中国卖家来说，拉美电商市场算得上是一片未经开发的"处女地"，相信即将会迎来难得的商机。

第6章 **投资机构篇**
风险来自你不知道自己正在做什么

6.1 跨境电商投资机构 TOP 榜单

表6-1 跨境电商投资机构TOP榜单

机构名称	投资数量	投资金额（估算）（元）	代表企业
IDG资本	15	20亿	SheIn、致欧科技、Club Factory、FunMart、安克创新
红杉中国	14	25亿	店匠科技、斯达领科、空中云汇、SheIn、运去哪、执御、米兰网
险峰长青	10	8000万	Fordeal、海管家
顺为资本	6	4亿	ASINKING领星、鸭嘴兽、追觅科技、Fordeal、SheIn
缌子资产	6	1.5亿	纵腾集团、有棵树
高瓴资本	5	8亿	空中云汇、VESYNC、ASINKING领星
华创资本	5	2.5亿	EZbuy、敦煌网
元璟资本	5	1.5亿	速达非Speedaf、飞盒跨境、Fordeal
真格基金	5	1亿	易仓科技、Club Factory
深创投	5	1亿	环球易购、傲基电商
坚果资本	5	7000万	执御、赛维电商、SheIn
英诺天使	5	4000万	卖家成长网、运链

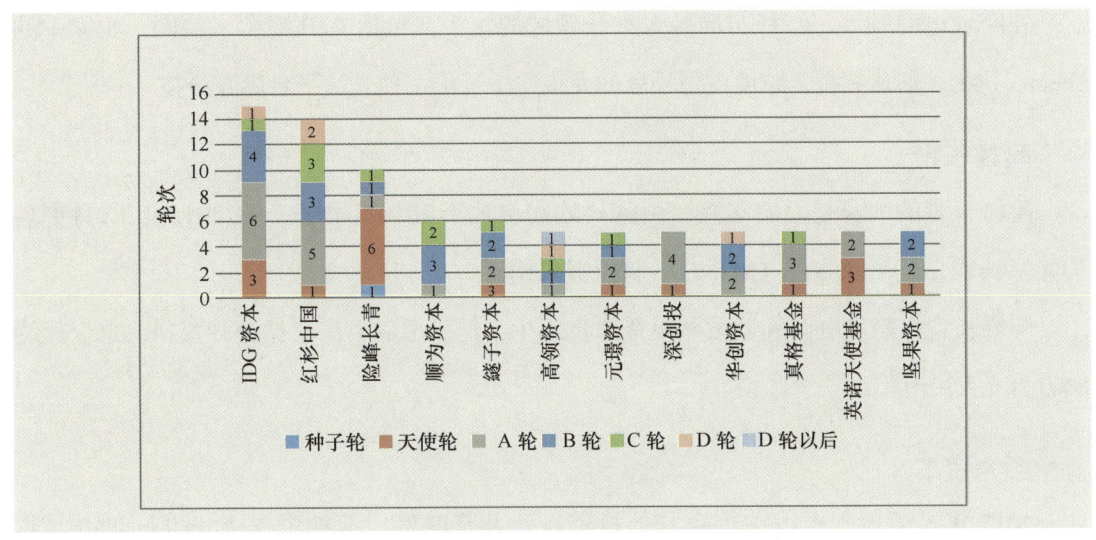

图6-1 投资机构投资轮次分布（2011—2020）

IDG 资本

自从 1992 年 IDG 资本成立以来，已投资超过 900 家企业，成功退出超过 190 家。IDG 资本重点关注互联网与高科技（TMT）、新型消费和服务、文化娱乐、医疗健康、先进制造和清洁能源等领域的领先企业，投资范围覆盖初创期、成长期、成熟期及并购重组等各个阶段。

IDG 是赌选手的典范。2005 年之前，IDG 发现了许多优秀的互联网创业者并在早期就给予投资，包括搜狐、腾讯、携程、当当、百度、土豆等。

在跨境电商领域，IDG 资本是过去 10 年投资数量最多的机构，有公开信息的超过 15 起，总投资金额约 20 亿元人民币。IDG 总是能很早就捕获优质的投资标的，比如 2015 年投资 SheIn，2016 年就参与海翼电商（安克创新前身）的 A 轮投资。

如今，安克创新已于 2020 年登陆创业板，成为首家 IPO 上市的跨境电商企业。此外，致欧科技目前也已提交 IPO 申请，SheIn 据称也正在谋划上市。

红杉资本中国基金

红杉资本中国基金在沈南鹏的带领下，投资了中国大半个互联网，如美团点评、奇虎 360、京东、陌陌、阿里巴巴、今日头条等成功案例均有红杉的身影。

赌赛道是红杉的传统。2008 年之后，红杉的投资逐渐集中在互联网领域的电商、旅游出行、O2O 和垂直社区、互联网金融等四条赛道，这些行业的共同特点就是"离钱近"。而除了抓热点赌赛道，红杉还有深耕赛道、在同一领域"多点占位"的习惯。

在跨境电商领域,红杉布局各大细分领域的龙头,包括 B2B 平台米兰网,卖家中的 SheIn、执御、斯达领科,跨境支付领域的龙头空中云汇,独立站平台店匠科技。

险峰长青

险峰长青的前身是险峰华兴,由陈科屹和包凡于 2010 年创立,在 2015 年 12 月更名为险峰长青,是一家专注 TMT 的早期投资机构。

险峰长青在跨境电商领域虽然投资数量不少,但是金额不高,据公开资料,总金额约 8000 万元人民币。

顺为资本

2012 年,顺为资本由雷军和其他投资行业及互联网行业的资深人士共同创办,重点关注移动互联网、互联网+、智能硬件、智能制造、深科技、农村互联网等领域。

由于顺为与小米千丝万缕的关系,顺为资本参投的企业,不少是在围绕小米公司做战略布局。

2018 年,顺为资本才开始涉足跨境电商领域,而且从其投资轮次来看,顺为资本更倾向于投 B 轮、C 轮,即相对已经比较成熟的企业。

深创投

作为中国本土规模最大的老牌创投机构,无论是规模还是投资能力,深创投都是佼佼者。深创投不仅关注制造业、高科技行业,还同时关注服务业、物流业等领域,以投资成长型企业为主。

而由于身处"跨境电商之都"的深圳,深创投虽然投资数量不多,但是早早就"押"中了环球易购和傲基电商。

坚果资本

坚果资本虽然名气没有前面的机构大,但它属于专注在跨境电商领域。在 IDG 投资 SheIn 之前,坚果资本就已参与了 SheIn 的天使轮和 A 轮。除此以外,坚果资本早期还投中赛维网络、执御科技等头部卖家。目前,其管理基金规模近 10 亿元,属于专业且小而美的类型。

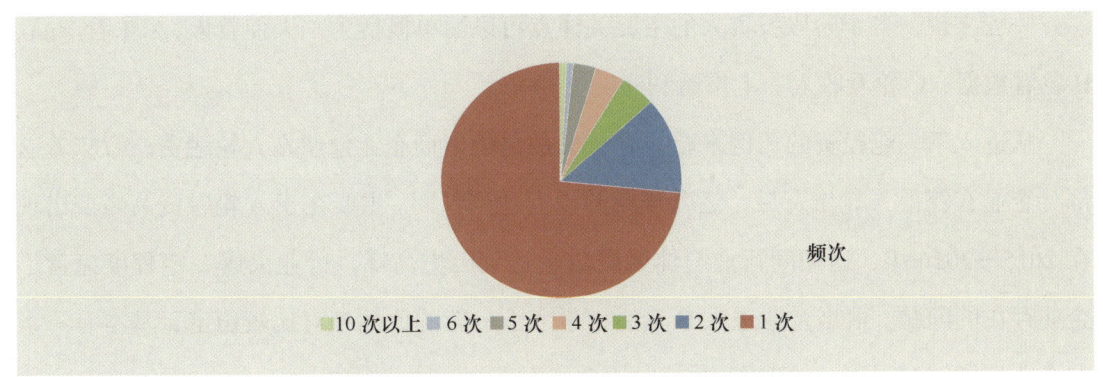

图6-2 投资机构投资频次分布（2011—2020）

如图，投资频次上，近十年总共有304家机构参与了497轮次的投资；从投资频次来看，大部分投资机构只投了一次，主要原因在于，跨境电商企业由于行业特殊性，长时间缺少退出渠道。

红杉中国、IDG资本、险峰长青是仅有的投资次数在10次以上的机构。一是资金雄厚，不急着退出；二是在优质标的上追加了多轮投资；三是险峰长青投了大量早期的公司。

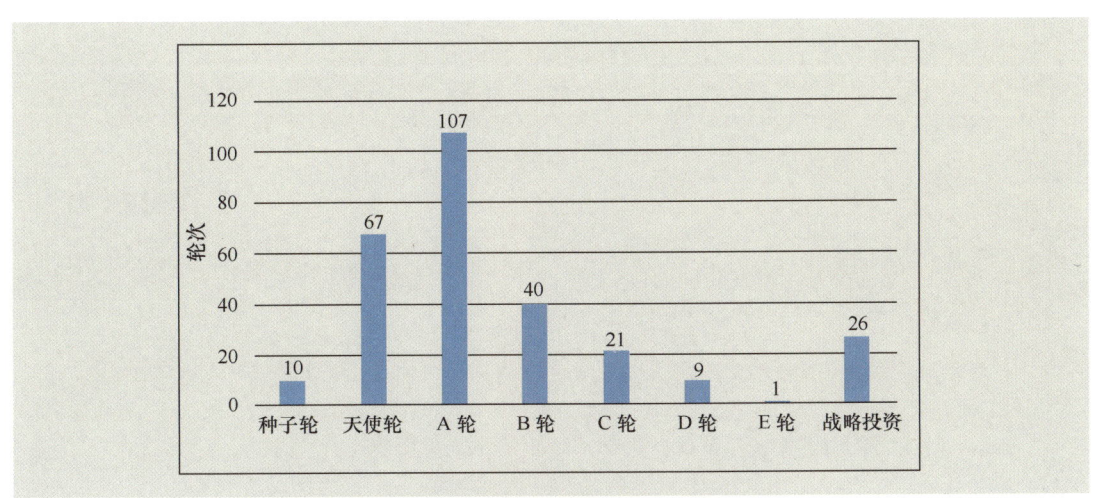

图6-3 投资机构各轮次分布情况（2011—2020）

从各投资机构的投资轮次来看，天使轮、A轮占很大比例，投资机构主要还是投早期。跨境电商行业本来就属于新兴行业，而且在发展初期、没有退出渠道的情况下，投资机构相对比较谨慎。

从各轮次的数量来看，有37%的A轮融资企业获得了B轮融资，有53%的B轮融资企业获得了C轮投资，有43%的C轮融资企业获得了D轮融资，仅有SheIn获得了E轮融资。

一般来说，各个阶段投资人的主要关注点可以简单概括为"天使看人、A轮看产品、B轮看数据、C轮看收入、上市看利润"。

从进入下一轮投资的比例来看，有63%的跨境电商企业停留在A轮融资，意味着这部分企业在获得A轮融资后，运营规模并没有达到预期。主要在于A轮融资高峰期出现在2015—2016年，这期间行业整体融资数量达到历史高峰，行业火爆一定程度掩盖了企业存在的问题。而当企业进入B轮后，进入下一轮的比例相对比较稳定，基本有一半的企业都能够获得下一轮融资。

6.2 互联网大厂加入出海竞争

除了投资机构外,包括腾讯、阿里、百度、新浪、京东、小米等互联网大厂也开始参与到跨境电商的投资中。

其中,腾讯参与了Airwallex空中云汇的B轮和C轮;阿里参与了Airwallex空中云汇的D+轮,并通过菜鸟投资了新环世;百度投资了致欧科技;新浪投资了Surprise;京东投资了大健云仓;小米投资了追觅科技,并通过顺为资本投资了ASINKING领星、鸭嘴兽、Fordeal/哆啦科技、SheIn领添科技;字节跳动投资了斯达领科。

从逻辑看,这些大厂参与投资更多是基于产业协同,比如腾讯的支付业务,菜鸟的物流业务,京东的电商业务,小米的智能家居生态,等等。

本质上来说,这些大厂也是投资机构,几乎在各个领域都有布局。而跨境电商作为近年来风头正劲的行业,这些大厂自然会参与其中。

表6-2 六大互联网巨头的跨境电商竞速赛

投资方	企业名称	时间	业务领域
阿里巴巴	新环世	2020年9月	国际综合物流服务商
	空中云汇	2020年7月	跨境支付基础设施服务商
	万里汇	2019年2月	英国跨境支付公司
	Tokopedia	2017年8月	印尼电商平台
	Lazada	2016年4月	东南亚电商平台
腾讯	Afterpay	2020年5月	澳洲支付平台
	空中云汇	2018年7月/2020年4月	跨境支付基础设施服务商
	Shopee	2017年12月	东南亚电商平台

续表

投资方	企业名称	时间	业务领域
腾讯	Go-pay	2017年5月	印尼Go-Jek旗下数字钱包
	ZaloPay	/	越南支付平台
京东	大健云仓	2020年11月	大件商品跨境贸易B2B交易平台
	Tiki	2018年1月	越南电商平台
小米	帕拓逊	2021年3月	跨境电商卖家
	追觅科技	2020年8月	智能家居产品研发商
	ShareSave	2019年1月	印尼电商平台
字节跳动	帕拓逊	2021年2月	跨境电商卖家
	斯达领科	2021年2月	独立站卖家
新浪	Surprise	2019年7月	俄罗斯电商平台

扎堆东南亚市场

国内互联网发展至今，平台思维已深植于各大巨头的发展战略中。因此，海外电商平台自然成为各互联网大厂最热衷布局的领域。

而欧美市场早已被亚马逊、eBay等平台牢牢占据，硬碰硬显然不是一个明智的选择。于是，各大巨头纷纷选择在东南亚、俄罗斯等新兴市场布局电商平台。

根据公开信息，阿里巴巴2016年、2017年先后投资了Lazada、Tokopedia；腾讯则在2017年成为Shopee母公司Sea的第一大股东；京东2018年投资了越南电商平台Tiki；小米2019年推出印尼电商平台ShareSave；新浪则投资了俄罗斯电商平台Surprise。

不难发现，除新浪外，其他互联网巨头均扎堆在东南亚市场。

一方面，东南亚6.4亿人口分布在4个时区和11个国家，部分国家是由岛屿组成，是当前全球中几个尚无互联网巨头的主要电子商务市场之一。

另一方面，东盟已经成为世界第六大经济体，经济总量接近2.6万亿美元。淡马锡预计东南亚电子商务产业规模到2025年将超过1000亿美元。

东南亚电商市场的巨大潜力吸引巨头们扎堆于此。根据webretailer数据统计，东南亚日访问量前五的电商平台中，中国互联网企业投资或控股的就占了四位。

目前，东南亚电商市场基本处于Shopee、Lazada、Tokopedia三分天下的局势。

Shopee 走的是低价的 C2C 模式，偏向于淘宝；而 Lazada 走的是较为高端的 B2C 模式，主打自营品牌，并且自建物流体系，更像是国内的天猫；Tokopedia 也是 C2C 模式，但只专注于印尼市场。

在新冠肺炎疫情倒逼下，消费者购买力削弱，价格便宜成为大部分东南亚消费者在购物时的最主要标准。因而在 2020 年，Shopee 在移动端综合排名、网页访问量等多项数据超越 Lazada，有成为东南亚电商一哥之势。

据 Sea 财报，Shopee 2020 年 GMV 达到 354 亿美元，同比增长 101.1%。

物流、支付基建"卡位战"

除了平台之外，支付、物流等基础设施建设，也是国内互联网巨头所热衷的，尤以阿里巴巴为甚。从淘宝到支付宝，从菜鸟到阿里云，阿里的基础设施逻辑贯穿始终，在跨境电商领域同样如此。

支付方面，国内支付市场之争基本告一段落，支付宝和微信支付二分天下。但是在跨境支付市场，似乎还未到尘埃落定之时。相较于国内移动支付，跨境支付更为复杂，分为前、中、后端三个部分。

前端主要是收单，对应的机构有 PayPal、Visa、Mastercard 等授权的第三方收单机构；中端主要职责是分发，对应机构主要是 PayPal、WorldFirst（万里汇）和 Payoneer；后端主要职责是结汇和发单子，对应的机构主要是外管局批准的第三方支付机构，以及央行批准的跨境人民币支付机构。

目前，阿里投资了跨境支付基础设施服务商空中云汇 D 轮，并通过蚂蚁金服 7 亿美元全资收购 WorldFirst（万里汇）。此外，阿里还与本地支付平台成立合资公司，在全球打造多个本地化钱包，如印度尼西亚 Emtek、马来西亚 Touch'n Go 等。

而老对手腾讯在阿里投资前已参与了空中云汇的 B 轮和 C 轮融资。此外，腾讯还陆续投资印度尼西亚 Go-Jek、越南 ZaloPay、澳大利亚 Afterpay 等近 10 家境外支付机构或支付技术公司。

在国内支付市场，两大巨头各自为战，竞争激烈。而走出国门，如何更好地适应本地化市场，响应当地金融监管要求，将现有分散的支付钱包形成聚集效应，最终建立跨国清算网络和收付体系成为两大巨头的重要挑战。

物流方面，阿里的对手则换成了京东。

首先，阿里仍然延续了国内的策略，通过菜鸟构建一张物流网。目前，菜鸟国际已在多个地区建立 eWTP 试验区，包括物流、通关、贸易、金融等一系列供应链设施和商业服务。

据了解，菜鸟现有 231 个跨境仓库，300 多条跨境专线，每周 50 多架次包机，配送范围可至全球 224 个国家和地区。

而京东，则在 2020 年投资了大健云仓。大健云仓是欧瑞思丹公司旗下从事大件商品出口的 B2B 交易平台，手握市场上十分紧缺的海外仓资源，其自建管理的海外仓面积超过 23 万平方米。

在国内，京东的自建物流是其区别于阿里系电商的最大撒手锏。而京东物流的核心是仓配网络模式，目前其物流仓配网络布局面积全国最大，已超过 2100 万平方米。

因此，不难理解为什么京东选择大健云仓作为投资标的。

借头部卖家切入供应链

相较于阿里、腾讯更多专注于跨境电商基础设施建设，小米和字节跳动则选择投资跨境电商卖家。除了前文提到的帕拓逊，小米还投资了追觅科技，字节跳动则选择了斯达领科。

小米是一家以手机、智能硬件和 IoT 平台为核心的互联网公司，两大战略重点分别是小米手机和智能家居生态。

2020 年，小米手机的全球出货量约为 1.478 亿部，国内市场出货量只有 3900 万部。也就是，其去年的海外出货量超过 1 亿部。

因此，对于小米手机而言，拓展海外销售渠道是重中之重。

而帕拓逊通过多年深耕品牌、产品研发，在很多国家已经形成很强的品牌认知度。接盘帕拓逊，小米将可以很好利用帕拓逊的海外品牌影响力和海外销售渠道，实现更多的海外市场份额。

此外，小米还投资了追觅科技，其主要产品包括吸尘器和吹风机，完美契合小米的智能家居生态。2019 年，追觅科技首次进军海外市场，其海外销售份额就超过 4 亿元人民币，其无线吸尘器在西班牙、韩国等多个国家有较高的品牌认知度。

再来看字节跳动。坐拥国内抖音和国外 TikTok 两大流量入口，字节跳动想做电商已经不是一天两天。

2020 年，字节跳动已经在抖音上尝到了甜头，抖音电商 2020 年全年 GMV 超过 5000 亿元，比 2019 年翻了 3 倍多，已经超过淘宝直播的 4000 亿元和快手直播的 3812 亿元。

据晚点 LatePost 报道，字节跳动原 CEO 张一鸣在内部目标中提到，2021 年将重点在包括跨境电商在内的三个新业务方向上做探索。

果不其然，仅最近一段时间，字节跳动就陆续投资了斯达领科和帕拓逊。

但不管是抖音还是 TikTok，直播电商始终有一个掣肘，就是供应链体系。而这，或许正是字节跳动选择在供应链方面具有优势的帕拓逊以及斯达领科的根本原因。

2020 年，跨境电商凭借新冠肺炎疫情期间的逆势表现，吸引了包括互联网大厂在内的大量机构注意。资本化已成为跨境电商行业的大势所趋。

纵观各互联网大厂在跨境电商的布局，一方面是基于自身优势业务，将业务边界拓展至全球，如阿里布局全球物流和支付网络、京东布局海外仓等；另一方面则是针对自身短板，希望通过投资并购来弥补，如腾讯通过 Shopee 实现了"电商梦"，字节跳动完善了自身的供应链体系。

可以预料，随着跨境电商的"出圈"，未来还会有更多的资本和互联网大厂投入到该领域。而这些巨头和资本的进入，必然会加速行业整合。对于跨境电商生态的中小参与者来说，可能需要好好思索，如何才能避免被洗牌出局。

6.3 行业内并购兴起

还有一个现象，就是行业内并购的兴起。比如安克创新投资波塞冬和致欧科技，中通快递投资俄速通、速达非 Speedaf。

进入 2021 年，仅前两个月就有 3 起行业内并购。包括顺丰 175.55 亿港元收购嘉里物流，华贸物流 5.4 亿元人民币收购佳成国际，德迅收购 Apex。

没有无缘无故的并购，一般来说，企业参与并购大多是发现自身在某一节点有短板，而这些问题是企业靠当前的管理团队和资金实力无法解决的，或者解决起来需要投入大量精力。

【案例研究】佳成国际"卖身"华贸，跨境物流"并购潮"启幕？

2020 年，跨境物流行业共发生融资事件 15 起，融资总额近 20 亿元人民币，数量和金额均创造历史新高。

在资本的强势介入下，跨境物流头部效应越发明显，同时也推动了行业内的并购整合加速。2021 年伊始，跨境物流就已出现多起行业并购事件。

两周三起行业并购

2021 年 2 月 9 日，顺丰控股发布公告称，将以现金 175.55 亿港元要约收购联交所公司嘉里物流 51.5% 的股份。

资料显示，嘉里物流以亚洲为基地，业务涵盖综合物流、国际货代、工业项目物流、跨境电子商贸，以及最后一里派送等，是香港联交所上市的规模最大的国际物流公司之一。

根据 Armstrong & Associates 发布的榜单，嘉里物流 2019 年全球空运货代排名第 16，海运货代排名第7,全球货运代理排名第11。2019年嘉里物流全年收入超过400亿港元;2020年上半年,嘉里物流实现营收218.85亿港元,净利润13.4亿港元。

2021年2月19日,华贸物流发布公告称,公司预计使用现金收购的方式收购佳成国际70%的股权,预计交易金额约5.4亿元人民币。

数据显示,佳成国际2019年实现净利润3083万元,2020未经审计净利润约4580万元。佳成国际还承诺,2021—2023年分别完成扣非归母净利润5000万元、7000万元和9000万元。

而在此次收购前,华贸物流年1月12日还与瑞锋投资、睿亦科技签署投资意向协议,拟收购深创建供应链公司33.5%股权。深创建供应链公司主要为跨境电商提供高效、低成本、多种业态和模式的通关服务。

2021年2月22日,全球货运代理公司德迅宣布收购爱派克斯国际物流(Apex),这也是德迅有史以来最大一笔收购案。

据悉,Apex 2001年在中国成立,是亚洲领先的货运代理企业之一,年营收超过21亿瑞士法郎。2020年,Apex共处理航空货运量约75万吨,海运货量19万标准集装箱。

短短两周时间内,行业内就已出现3起并购事件,这是否会成为一场跨境物流"并购潮"的开始?

快速弥补业务短板

综观这几起并购事件,收购方的诉求各不一致,但都逃离不出一个基本逻辑。

一般来说,企业参与并购大多是发现自身在某一节点有短板,而这些问题是企业靠当前的管理团队和资金实力无法解决的,或者解决起来需要投入大量精力。

而跨境物流恰好是一个链条长且环环相扣的服务行业,只从单一环节切入难以提供一揽子服务。对于想要实现全链条服务的物流公司,并购上下游企业有助于快速完善业务链条,弥补自身短板。

以华贸物流为例,作为拥有30多年经验的老牌物流公司,华贸在全球运营网络、干线运输包机、获取仓位、报关以及地面运输配套等方面有长足的优势。在过去,华贸主要服务大B客户及大型跨境电商独立站,并通过邮政小包服务中小卖家,但对于非邮政渠道的中小卖家缺少服务能力。

而佳成国际在跨境物流专线上有全要素服务能力，特别是前段揽件、信息系统、报关清关、海外仓等环节有很强的市场竞争力，但是在干线运能方面相对比较弱势，而这恰恰是华贸物流的优势所在。

此次收购如果完成，一方面，佳成国际将健全华贸跨境电商物流产品体系，完善其服务中小卖家的能力；另一方面，华贸物流也能够弥补佳成国际干线运力短板，丰富其航线网络。

同理，顺丰收购嘉里物流将有助于其拓展海外基础设施网络布局，全球网点布局将由17个国家和地区扩展至59个国家和地区。

而收购Apex则会加强德迅在空运上的实力，并完善其在亚太地区的布局。据悉，德迅收购Apex之后，其空运货量将超过DHL。

物流巨头必经之路

物流行业的商业属性，决定了头部企业的规模效应。

相同的干线成本下，规模更大的企业发车频次更高；相同的末端成本下，规模更大的企业派送频次更高；规模更大的企业可以减少转运次数，提高中转时效。

对于卖家来说，在相同时效时自然选择最便宜的，在相同价格时自然选择时效最快的，这也进一步推动了行业集中度的提升。

从历史上来看，并购延伸，最后实现全链条效率最大化，是物流巨头们的必经之路。

UPS一直通过各个领域的并购整合，拓展自己的业务边界，逐渐成长为全球最大的综合型物流企业。如收购飞驰拓展货代业务，收购Mail Box、Kiala NV、i-Parcel拓展电商业务，收购美国第一国际银行拓展供应链金融业务等。

而FedEx自上市后也相继完成数十项并购，强化了其在快递、小包、零担货运、物流、零售电商运输及相关技术领域的领先地位。国内的菜鸟、顺丰、京东物流也无不如此。

当然，跨境物流是一个链条很长的行业，所以中小型跨境物流公司目前还有生存空间。而且，从2020年疫情期间的情况来看，跨境电商还有很大的增量空间。而物流依托于商流，中小物流公司至少短期内不用太过担忧。

不过拉长时间维度，当头部企业重新定义物流行业的服务能力和产品体验时，中小型企业就会面临被排挤掉的风险，国内快递的发展就印证了这一点。

因为行业发展的自然规律，就是驱使中小型合规企业不断整合，大型企业和巨头则择机收购，资源持续向头部靠拢。相互竞争，不断淘汰，循环往复。

6.4

资本视角：长期主义者更值得投资，跨境物流的命脉在海外

要想从谨慎的投资人那里拿到钱，从来都不是一件容易的事，特别是一直被"不合规风险、退出路径不明"等信息笼罩的跨境电商。但2020年或许是这么多年来，资本与跨境电商距离"最近"的一年。

一方面，安克创新成为第一家独立IPO上市的跨境企业，不仅意味着跨境电商获得了主流资本市场的认可，也让投融资看到了除"借壳"外的另一条路径。

另一方面，跨境电商是2020年新冠肺炎疫情期间为数不多狂飙猛涨的行业，每个领域都有资本涌入。但在各赛道中，与卖家同增长、共起伏的当属跨境物流。

跨境物流是跨境电商行业的基础设施，每件商品的成交都需要通过物流服务商跨越国境送到海外消费者手中。跨境物流有链条长、环节多、信息不透明等特点，使得有全链条服务能力的玩家少；中间环节制约多，竞争壁垒高，使得物流环节对跨境电商行业变得越来越重要。随着跨境电商的发展，资本也越来越多地关注跨境物流这个行业。

"我们认为未来跨境物流行业将向数字化、科技化等方向发展，跨境物流企业的核心竞争力将体现在对海外关键节点的掌控。我们希望能找到行业里的优秀企业家，帮助企业更好把握未来趋势，助力企业找到规模化增长的路径；另一方面能加速行业发展，推动中国企业在跨境物流中的话语权。"普洛斯隐山资本投资总监张之晨说。

但与资本的结合犹如结婚，不仅对象难找，而且要好聚好散、各方得利并不容易。那么，什么样的企业更容易被资本相中？物流企业该如何选择资本抛出的橄榄枝？接下来的跨境物流格局又将如何演变呢？

为此，"跨境眼观察"独家专访了普洛斯隐山资本投资总监张之晨。

人是核心要素，长期主义者更值得投资

跨境眼观察： 隐山资本选择投资一个项目的判断标准是什么？投人还是投企业？

张之晨： 我们把企业根据发展阶段分为初创期和成长期。

初创期的企业，因商业模式、发展路径尚有很多不确定性，可能会根据市场环境有较大调整，这时对创始人和团队的判断就尤为关键。

其一，创业者需要对产品、服务极度认真和专注，永远对其产品、服务进行不停的优化和迭代，去适应不断变化的市场需求。

其二，创始人要有极强的商业嗅觉和认知能力，对行业本质和如何构筑动态护城河有深刻理解，能快速应对突如其来的变化和竞争，需要有快速迭代和学习能力。

其三，互联网加快了信息传播速度，缩小了信息不对称性。现代企业的竞争格局更多类似一场长跑，"一招鲜，吃遍天"的可能性不太大，所以我要更关注创始人的长期愿景及其组织中传递的企业文化和价值观。

当企业商业模式相对成熟时，则要将"商业模式"和"人"结合起来看。

当企业收入和人员发展到一定规模，商业模式已经清晰，面临的挑战是复制和优化：需要不断复制现有模式，扩大规模，占据市场，并不停优化现有的盈利模式，构建竞争壁垒。这时企业的关键路径选择和运营效率决定了企业可以走多远。

通过研究中国企业发展史发现，长期的竞争优势更多来自运营效率的提升。运营效率提升的手段如技术革新、组织结构升级，企业需要降低运营成本来阻挡竞争对手的进入。我们会观察企业能否找到规模扩展及提升效率的路径，并加以实施。从外部来看，企业运营数据能够较好地帮助我们去判断其处于怎样的发展阶段。

以上这些都是我们投资成长期企业时需要考虑的。

当然，这个阶段对创始人也会有更多维度的考量。

首先，创始人在用怎样的方式思考问题？他的短期和长期的愿景是什么？他对于企业的价值判断如何？诚然，愿景没有高下之分，但不同的愿景会带来不一样的决策依据并造成不同结果。简而言之，任何行业都会有系统性风险，落到企业层面更是如此。为了对冲这种风险，我们会倾向于选择关注价值创造的创始人。

从历史经验来看，能持续创造价值的企业，长期来看都会是有投资价值的企业。我

们看到很多成功的创业者，长期支撑他们坚持不懈奋斗的驱动力很可能是比较内在、比较精神层面的，比如产业梦想、价值创造等。

其次，从创业到成熟期，企业一定经历过很多波折，投资人想看到的是创始人的经历——他在逆境中能否坚持、如何思考、如何决策。这不仅能看清创始人扭转危机的能力，更考验的是创始人或创始团队的底层价值观。

跨境眼观察：对于有融资需求的物流商来说，应如何选择适合自己的投资方？

张之晨：跨境物流的链条极长，涉及"揽、干、关、仓、配"的各个环节。真正要成长为国际化的物流企业，目前行业中大部分企业还有很大的上升空间。未来需要持续投入数字化、智能化等设备，以及在海外各个环节的基础设施，这中间既需要商流与物流的结合，也需要行业上下游的多个企业的协同努力。

对于选择投资方的问题上，主要有以下三点。

首先，企业需要理性判断企业是否需要融资。重资产的投入并不一定适合所有的跨境物流商，可能有不一样的切入点，也并非所有企业都那么需要外部资源的注入。

其次，投资机构的支持并不仅仅等于钱。市场上很多机构能帮你的不只是钱，还可能是人才、组织能力、渠道、资源、人脉、上下游生态等。

每一家投资机构的能力、资源禀赋以及投资策略都不尽相同，所以建议企业要选择和自己发展阶段以及发展诉求相匹配的投资方，投资人能够对公司的发展提供潜在的业务资源的补充。

以隐山资本为例，既有参与物流行业中巨头的混改，可覆盖从国内到海外的全程运力，也有投资比如上架、分拨、拣选、叉车等多个场景的智能装备及集成方案，为跨境电商或物流企业提供潜在的优化方案。

最后，尤为重要的一点是，找到理念一致、目标一致，愿意"同行"的人。大家有共同的信念，认同公司的定位、愿景、价值观，这样资本和企业之间的合作才能顺畅，达到双赢。

竞争壁垒在海外，基础设施有很大提升空间

跨境眼观察：2020年是跨境电商快速增长的一年，也是跨境物流充满极大不确定性的一年。您如何看待中国物流在这次疫情期间的表现？

张之晨： 2020 年对于跨境电商中的各类玩家都是颠覆性的一年，我也有两点感悟较为深刻。

一是美国的电商渗透率用了 10 年从 5.6% 上涨到 16%，但疫情期间仅四个多月就上升到了 27%。跨境电商的增长，必将带动跨境物流行业的迅猛发展。

因为海外线下的零售商没法在短时间内将线下搬到线上，海外工厂的产能也还未恢复，这一部分红利释放给了跨境电商。且从中国电商发展的历史来看，线上化这个趋势是不会逆转的，我们判断这个红利期应该还有 3～5 年时间。

而且，过去 20 年中国作为世界工厂，沉淀了多个行业研发、制造、创新能力，包括工厂、设备、技术、人才以及完整的产业链上下游配套。随着国内电商的兴起，逐步解决了中国出口贸易转型内需后的工厂产能的流通和循环，使得整个生产制造供应链都留在了中国，这是其他国家很难短时间完全复制的。

我们物美价廉的产品制造能力加上持续不断的创新能力，是确保中国产品未来能够持续引领全球消费的优势。伴随着中国商品出海，将有更多中国背景的线上渠道、线上品牌以及相关服务商的崛起。

二是这次疫情暴露了中国跨境物流的短板——行业里缺少具备真正全球服务能力的物流企业，对海外的关键节点掌控不够，如线路、关口、港区等掌控力较弱，整体的基础设施薄弱，导致物流供应链频频面临中断的风险。

直到今天跨境物流压力还没有得到完全解决：航空运力不足、海运大幅涨价、尾程派送混乱、各国清关问题频发……

究其原因，从中国出海的 B2B 物流经历了相对较长的周期，履约解决方案较为完善。但 B2C 物流由于发展时间有限，行业里很多服务商主要靠用外包给合作商的方式来完成海外履约，履约结果受海外合作方影响较大。

此外，因 B2C 物流最终直接面对消费者，是跨境电商交易完成的最后一道关卡。类比国内电商，可以预见未来物流履约环节可能成为出海品牌竞争力的一部分。

这次疫情给予我们的启示是，保障国际物流通道畅通与供应链稳定是确保交易完成使消费者满意的核心。未来随着各头部企业逐渐加强在海外关键节点的基础设施投入，中国跨境企业将会对关键节点有更强掌控力；同时通过数字化的产业中台，打通海外各个港口及落地配送的数据，做到物流的跨国境全程可视化，才能称得上是真正的中国运往全球物流通道畅通，把命脉掌握在自己手上。

更进一步讲，中国物流企业必须深度参与国际物流服务标准制定，提高在物流体系中的话语权。

跨境眼观察：那在隐山的投资案例中，是否有您比较看好的物流项目？

张之晨：目前来讲，中国的跨境电商物流企业成为规则制定者还需时日，但我们看好在海外有持续投入，并能持续优化履约能力的公司。事实上，我们看到越来越多的跨境物流商已经开始关注海外各个环节的关键节点把控。

这几年产业巨头逐步入局，比如阿里、京东、顺丰、通达等上市龙头企业都开始关注跨境物流赛道，菜鸟、顺丰近几年都在海外持续地投入。最近，我们看到如中远海、东航、南航、中国邮政等巨无霸企业也已经关注到跨境行业的飞速增长，都已经动起来了。

隐山基金也参与了其中部分企业的混改，相信这些核心企业的带头效应以及大力投入会加速跨境行业基础设施的完善，并推动整个行业的飞速发展。

跨境物流企业中，也崛起了不少明星，见证了跨境行业这些年的爆发。比如万邑通、纵腾、递四方、燕文等，都分享到了出海市场增长的红利。

在疫情期间，得益于过去在海外履约端的投入，这些海外仓企业能对海外关键节点有较好掌控力，也为很多卖家的提供了综合物流解决方案，帮助他们2020年创下新高。

巨头入场，头部崛起，未来发展潜力大

跨境眼观察：随着资本的入局，您如何看待跨境电商物流的竞争格局？

张之晨：从目前来看，由于上游供应受限，不管是航空还是海运的线路，都集中在核心企业的手上，导致短期的供需结构性不匹配，货运资源稀缺，线路涨价。但随着行业的发展和越来越多企业的投入，我们相信这些阶段性资源不匹配的问题都会被逐步缓解。

资本的进入可能会帮助各细分赛道的企业在竞争中差异化，帮助优势企业建立起在人员、价格、渠道、资源方面的优势。这些竞争优势可能是国家方向上的，可能是产品品类上的，也可能是细分服务上的，逐渐形成长期的竞争壁垒，也会出现一些细分赛道

的隐形冠军。

参考美国或中国的物流发展历史看，随着各细分赛道的优势者相继出现，资源很可能会往优势企业集中。为了进一步提升效率，日后一定会出现巨头之间的联合、并购等案例。

在跨境物流企业之外，伴随着中国商品出海，将有更多中国背景的线上渠道、线上品牌以及相关服务商的崛起。隐山资本非常愿意参与到跨境电商行业的发展和变化中来，与"长期主义"的企业家共同前行，推动行业的发展和提升。

——选自"跨境眼观察"公众号

第 7 章 **财报分析篇**
要随波逐浪，不可随波逐流

7.1

2019年跨境电商财报分析

2013年,兰亭集势在纽交所上市,成为中国跨境电商第一股。2019年,兰亭集势终于实现了盈利,而登陆资本市场的跨境电商企业也已经超过10家。

虽然受到新冠疫情影响,但大部分公司还是按时交出了2019年的"成绩单"。为公平起见,本书所有数据已尽量剔除母公司非跨境电商业务的部分。

跨境通规模独大,环球易购滞销巨亏26亿元

表7-1 中国出口跨境电商上市企业2019年财务数据

公司名称	公司代码	主营业务收入(亿元)	净利润(万元)
跨境通(环球易购)	002640	85.06	-265,149.70
安克创新	300866	66.55	72,108.04
ST华鼎(通拓)	601113	45.05	30,126.08
天泽信息(有棵树)	300209	44.63	11,746.85
易佰网络	被并购中	35.78	17,511.50
跨境通(帕拓逊)	002640	34.39	17,832.99
星徽精密(泽宝)	300464	28.32	15,409.88
兰亭集势	LIBT	17.31	751.73
遨森电商	873076	16.42	1,802.79
浔兴股份(价之链)	002098	4.74	-5,807.85
百事泰	833663	2.60	1,158.82
新维国际(DX)	08086	2.10	-7,025.28
择尚科技	834101	2.04	159.09
广博股份	002103	1.15	-837.27

数据来源:各公司财务报表 制表:跨境眼观察

1. 新维国际因港股年报制度,财务数据为2018年6月30日—2019年6月30日;
2. 兰亭集势、新维国际财报中分别以美元、港元计量,上表已按2020年1月1日汇率换算;
3. 广博股份净利润为其旗下主要跨境出口子公司广博美国桃林的净利润。

从规模来看，跨境通遥遥领先，环球易购、帕拓逊两个平台的收入合计 119.45 亿元，达到其他公司收入总和的一半以上。其中，自营网站 Gearbest、Zaful、Rosegal 等实现营收 51.61 亿元，占跨境出口业务营收的 45.21%，第三方平台营收 62.56 亿元，占比 54.79%。

此外，跨境通不断加强自有品牌发展，旗下运营含战略品牌、核心品牌以及扶持品牌近 200 个，2019 年自有品牌营收达到 66.95 亿元，占整体营收的 37.45%。

不过，环球易购 2019 年的亏损额同样令人咋舌，近一半上市跨境企业的收入都不及其亏损额。不夸张地说，环球易购 2019 年亏了一个 ST 华鼎（2020 年 5 月 26 日数据，市值 27.4 亿元）。其主要原因是，环球易购 2019 年销售旺季因资金周转紧张，影响推广促销导致部分存货错过了最佳销售时期而形成积压，欧美市场销售规模下降，经营策略调整将多个海外本地化项目取消导致的存货积压等原因导致存货计提大额减值。

值得一提的是，安克创新 2019 年营收 6.55 亿元，净利润达到 7.21 亿元，成为最赚钱的跨境电商上市公司。

此外，另外一家下滑较严重的是价之链，2019 年营收同比下滑 38.88%。此前浔兴股份收购价之链，导致其自身业绩首次出现亏损，价之链因未完成业绩承诺被浔兴股份索赔 10 多亿元。可见，跨境电商企业嫁入上市公司也并非都是美好。

但不得不说，上市公司收购跨境电商企业大部分时候确实可以短时间美化成绩单，ST 华鼎 2019 年营收同比增长 70.52%，星徽精密营收同比增长 390.94%，天泽信息更是同比增长了 398.16%，说是下嫁也不为过。

所以，华凯创意愿意溢价 13.7 亿收购易佰网络。不过易佰网络也争气，2019 年营收增长 97.42%，增长幅度在同行中堪称翘楚。其以量取胜的策略取得不错效果，目前易佰网络开发销售的 SKU 规模已超过 30 万个，产品开发团队超过 110 人，平均每月开发新品数量超过 1.2 万个。

根据公告，易佰网络此次被收购与华凯创意签了对赌合约，2019 年度、2020 年度、2021 年度、2022 年度的净利润分别不低于 1.41 亿元、1.70 亿元、2.04 亿元、2.51 亿元，第一年已超额完成任务。

另外，介绍几家来自新三板的公司，遨森电商、百事泰、择尚科技以及从新三板下来正在创业板排队的安克创新 2019 年净利润都有不同程度的上涨。择尚科技更是扭亏为盈,同样扭亏的还有来自纳斯达克的兰亭集势,上市 7 年首次盈利。

当然,不能忘了从新三板摘牌的赛维和傲基,二者正谋求上市,或许下次就能看到它们在名单当中。

跨境电商关键财务指标分析

除了营收、净利润之外,再来看看跨境电商行业其他比较关键的财务数据。

1. 百事泰毛利率超 60%,兰亭收购 EZbuy 成效显著

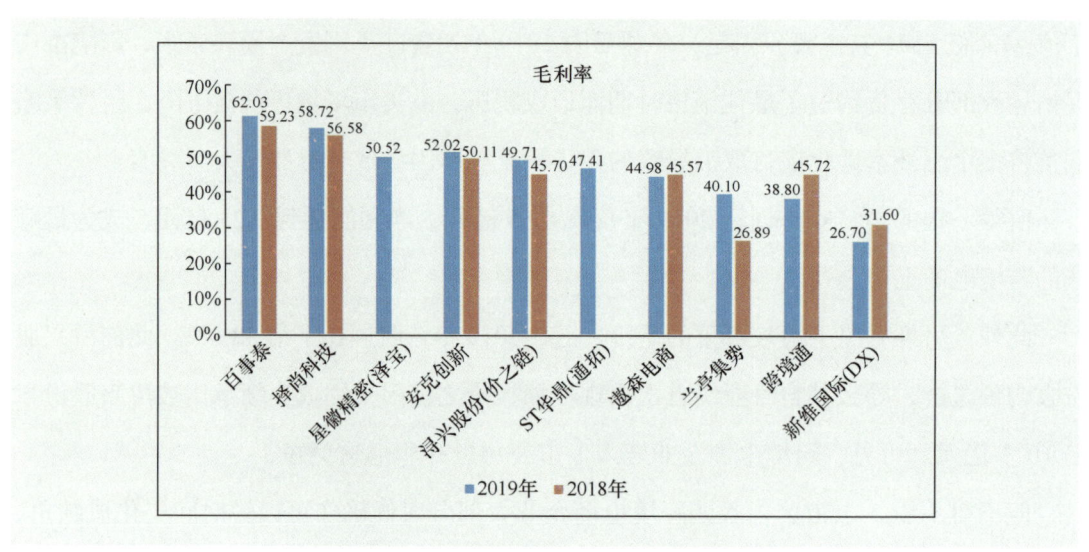

图7-1 中国跨境电商上市企业毛利率

从毛利率上来看,两家新三板公司百事泰、择尚科技比较突出,分别达到 62.03%、58.72%。其中,百事泰得益于其主营的汽车周边产品毛利率可达到 64.5%,家用周边产品的毛利率达到 62%;择尚科技则一方面得益于其主营毛利率较高的服装类产品,另一方面得益于其 SKU 缩减,单品采购量上升,采购价格进一步下降。

相对而言,由于受知识产权及媒体综合营销业务影响,新维国际毛利率由 2018 年的 31.6% 下降至 26.7%。

另外,跨境通虽然规模在上述公司中遥遥领先,但其主营的电子产品和母婴产品的毛利率分别仅有 40.22%、18.94%,导致其整体毛利率仅为 38.80%,仅比新维国际高。

值得一提的是,兰亭集势 2019 年毛利率较 2018 年同期增长明显。主要原因是,一方面公

司通过产品组合，聚焦高频、高毛利产品；另一方面公司通过整合后端供应链，改善了库存周转率。

2. 物流成本规模效应明显，择尚加码市场推广扭亏

表7-2 中国出口跨境电商上市企业销售费用

公司	年份	销售费用（万元）	占收入比重	仓储运输费用（万元）	占销售费用比重	平台服务费用（万元）	占销售费用比重	市场推广费用（万元）	占销售费用比重
跨境通	2019	535,464.53	29.96%	127,740.18	23.86%	234,975.01	43.88%	99,779.51	18.63%
	2018	678,519.53	31.51%	203,164.55	29.94%	242,010.85	35.67%	165,326.89	24.36%
遨森电商	2019	64,007.74	38.99%	22,736.04	35.52%	19,185.97	29.97%	6,853.04	10.28%
	2018	50,691.55	40.10%	18,273.90	36.05%	14,822.95	29.24%	5,116.13	10.09%
百事泰	2019	12,525.33	48.18%	5,599.97	44.71%	4,860.65	38.81%	779.80	6.23%
	2018	15,016.88	48.49%	6,967.76	46.40%	5,660.43	37.69%	846.76	5.64%
择尚科技	2019	10,660.13	52.25%	3,068.59	28.78%	1,484.10	13.92%	5,534.97	51.92%
	2018	6,461.67	29.08%	2,711.91	41.97%	1,349.20	20.88%	1,879.26	29.08%
安克创新	2019	208,258.89	30.76%	39,983.94	19.20%	122,855.64	58.99%	26,396.91	12.68%
	2018	164,174.34	31.38%	31,633.31	19.27%	104,596.87	63.71%	13,414.32	9.03%

数据来源：各公司2019年财务报表　　　　　　　　　　　　　　　　制表：跨境眼观察

1. ST华鼎、浔兴股份、广博股份、星徽精密因母公司其他业务占比较大，误差较大，未列入上表；
2. 天泽信息、易佰网络因业绩快报无费用明细，未列入上表；
3. 新维国际、兰亭集势境外上市、会计准则有差异，未列入上表。

销售费用主要为运输费、平台服务费、业务推广费、职工薪酬及仓储费等。从表7-2能看到，一般规模越大的企业，在物流仓储方面的议价能力越强，像跨境通、安克创新这样体量的公司，可以将仓储物流费用占销售费用比例压缩在30%以内。

以跨境通为例，现已基本搭建好成熟的物流仓储体系，截止到2019年底，其设立海外仓63个，总仓储面积达到13万平方米以上。此外，跨境通还建成自主物流专线60多条，并与200多个物流服务商进行了合作。

而规模较小的公司在这方面劣势明显，物流仓储费用占销售费用比重大多超过30%，销售费用占收入比例达到50%左右。

平台服务方面，占收入比例基本保持在10%-15%。

市场推广方面，占收入比例几乎都保持在10%以内，除了比较愿意花钱推广的择尚科技，2018年、2019年的市场推广费用占收入比重分别达到14.37%、27.13%。持续加大市

场推广力度为择尚科技带来不错的反响，不仅营业收入同比增长 55.96%，更是扭亏为盈。

3. 兰亭集势运营效率一枝独秀，跨境通备货一次卖四个月

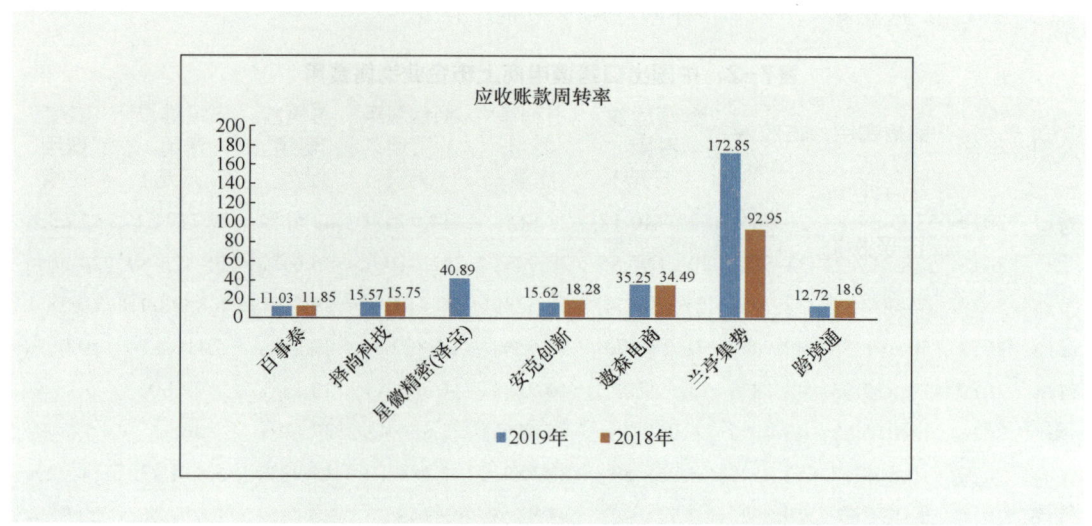

图7-2　中国出口跨境电商上市企业应收账款周转率

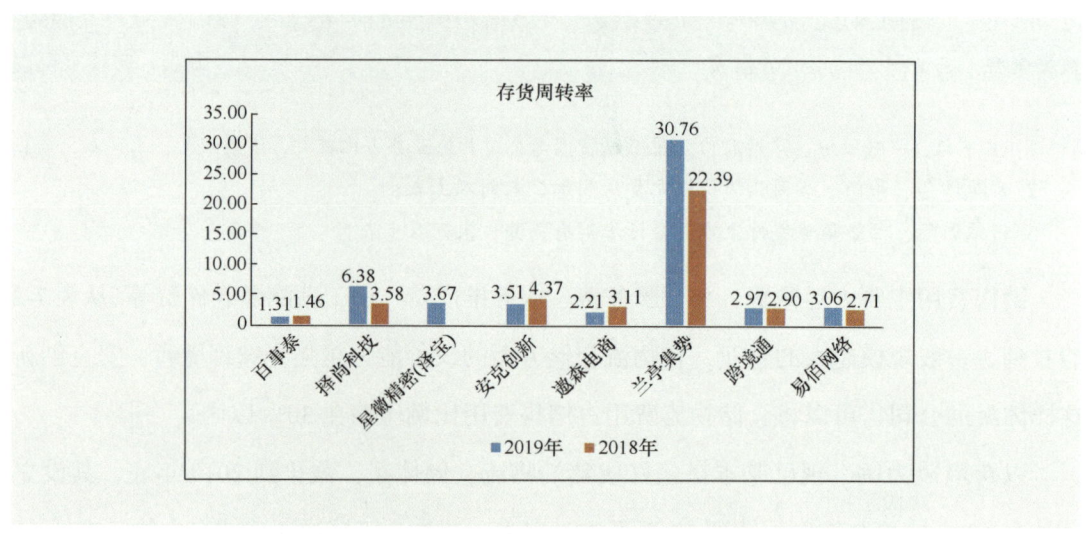

图7-3　中国出口跨境电商上市企业存货周转率

应收账款周转率是指在一定时期内（通常为一年）应收账款转化为现金的平均次数，是用于衡量企业应收账款流动程度的指标，次数越大说明周转天数越短，应收账款的管理效率越高，资产流动性越强。而存货周转率主要是反映企业存货销售的速度，即存货的流动性及存货资金占用量是否合理。

表 7-3 能清晰看出兰亭集势在这一方面独树一帜，在 2019 年应收账款周转率达到

172.85，应收账款周转天数仅 2.08 天。其实这个数据距离其刚上市时已下滑不少，当年的应收账款周转天数可以达到 0.4 天。兰亭集势的存货周转率也高达 30.76，存货周转天数仅 11.87 天，这意味着一次备货只需要不到两周销售。

这与其高效的供应链管理模式有关，一方面，兰亭集势直接从制造商进货缩短供应链；另一方面，对于定制品，兰亭集势拥有流程化的生产协调能力，接到订单后能够迅速完成生产并送至仓库，对于非定制品，兰亭集势则会提前让供应商备货在自己的仓库中，并根据商品受欢迎程度，增加备货量或提前清理销售不佳的商品库存。

相比较，百事泰在运营效率管理方面比较落后，远不及同为新三板公司的择尚科技。得益于前期销售渠道的优化调整以及库存、付款方式的优化，择尚科技的存货周转率仅次于兰亭集势。或许是意识到差距，百事泰日前与 LOUISEBLUE GLOBAL LLC 签订了金额 700 万元的 2020 年物流与仓储以及咨询服务协议，明年可能会有所改善。

另外，跨境通因为全球仓储以及销量巨大需要提前备货，2019 年存货周转率仅为 2.97，相当于一次备货需要 4 个月销售。一般体量较大的公司都存在这方面的问题，在所难免。

4. 行业普遍轻资产运营，遨森存货占比超五成

表7-3 中国出口跨境电商上市企业流动资产、存货占比

公司	截至日期	总资产（万元）	流动资产（万元）	存货（万元）	流动资产占比	存货占比
易佰网络	2019.12.31	90464	85327	56091	94.32%	62.00%
	2019.1.1	62151	60743	/	97.73%	/
择尚科技	2019.12.31	6145	5574	1139	90.71%	18.54%
	2019.1.1	5451	4865	1500	89.25%	27.52%
遨森电商	2019.12.31	62383	53250	34524	85.36%	55.34%
	2019.1.1	44232	39497	26038	89.30%	58.87%
安克创新	2019.12.31	301244	263995	111737	87.63%	37.09%
	2019.1.1	205073	181368	78074	88.44%	38.07%
百事泰	2019.12.31	18994	15440	1650	81.29%	8.69%
	2019.1.1	18314	15163	2080	82.79%	11.36%
跨境通	2019.12.31	1051131	678500	303649	64.55%	28.89%
	2019.1.1	1229554	871800	506551	70.90%	41.20%
新维国际	2019.12.31	27200	18600	98	68.38%	0.36%
	2019.1.1	31700	19600	784	61.83%	2.47%
兰亭集势	2019.12.31	11320	5738	736	50.69%	6.50%
	2019.1.1	10360	5556	848	53.63%	8.19%
星徽精密	2019.12.31	290458	121875	61677	41.96%	21.23%

数据来源：财务报表及东方财富网站　　　　　　　　　　　制表：跨境眼观察

从流动资产占比看到，易佰网络、择尚科技、遨森电商、安克创新、百事泰的流动资产占比相对处于较高水平，达到80%以上，符合行业轻资产模式运营的特征；跨境通、新维国际、兰亭集势相对偏重。星徽精密（泽宝）因包含精密金属连接件研发、生产、销售，故流动资产占比相对较低。

而在存货占比上，仅易佰网络、遨森电商高于50%。遨森电商解释称，为确保公司销售规模稳步增长，必须有足够的货物，这正好也佐证了其存货周转率偏低的原因。由于遨森电商的应收账款周转率处于行业前列，使其在资金上不至于捉襟见肘。

相比较，新维国际与兰亭集势的存货占比相对较低，均低于10%。

5. 净利润质量基本良好，遨森兰亭现金流转正

表7-4 中国跨境电商上市企业现金流量净额、净现比

公司	2019年			2018年		
	经营现金流量净额（万元）	净利润（万元）	净现比	经营现金流量净额（万元）	净利润（万元）	净现比
择尚科技	403.80	162.88	2.48	21.28	-1,825.72	-0.01
遨森电商	9,491.30	2,241.05	4.24	-474.71	1,000.77	-0.47
百事泰	1,615.50	1,158.82	1.39	1,517.59	1,006.20	1.51
跨境通	3,499.11	-270,789.33	-0.01	18,258.04	62,276.57	0.29
星徽精密	15,288.62	14,855.35	1.03	1,447.15	204.40	7.08
安克创新	38,341.58	72,108.04	0.53	34,787.15	42,705.61	0.82
兰亭集势	1,343.65	713.24	1.88	-21,325.69	-42,551.42	0.50

数据来源：公司财报　　　　　　　　　　　　　　　　　　制表：跨境眼观察

净现比是净利润和经营性现金流量净额的比值，是衡量一个企业"真实"盈利能力的核心指标。当净现比大于1，说明经营净额比净利润大，也就是说这个净利润是由真金白银支持的；反之，则说明公司的净利润含金量低，更多是纸面的数字游戏。

从表7-4能看到，除安克创新外，大多数企业2019年的净现比都超过1，净利润质量较高，特别是遨森电商；此外，星徽精密将泽宝并表后净现比下降，但仍然保持在1以上，意味着公司实现的净利润都有相对应的现金流入。

而在现金流量净额方面，有几家公司变化较大。其中，遨森电商2019年现金流量净额为9491.30万元，2018年同期为-474.71万，主要原因是经营业绩有较大提升，以及出口退税资金的及时到账；兰亭集势同样实现了正向现金流入，主要由于其接入了

EZbuy 的供应商，降低采购成本，同时加强库存管理，提高存货周转率；跨境通 2019 年现金流量净额不到 3500 万元，则是由于业绩较往年同期下滑严重。

6. 安克盈利能力最稳定，跨境通惨遭滑铁卢

表7-5　中国跨境电商上市公司净资产收益率

公司/加权平均净资产收益率	2019 年	2018 年	2017 年	2016 年	2015 年	2014 年
跨境通	−45.52%	9.50%	16.62%	13.55%	8.81%	/
天泽信息（有棵树）	3.34%	/	/	/	/	/
安克创新	44.20%	36.66%	39.72%	86.25%	96.43%	/
星徽精密（泽宝）	10.67%	/	/	/	/	/
兰亭集势	8.32%	−250.06%	−15.74%	−27.38%	−191.95%	−48.14%
遨森电商	14.97%	9.28%	/	/	/	/
百事泰	10.28%	9.03%	0.07%	46.23%	66.56%	76.43%
新维国际（DX）	−45.52%	−35.56%	−27.28%	−91.19%	−65.08%	−38.27%
择尚科技	3.78%	−55.30%	−9.96%	21.66%	13.97%	−31.46%

数据来源：财报及东方财富网站　　　　　　　　　　　　　　　制图：跨境眼观察

注：有棵树、泽宝 2018 年才被上市公司收购，故此前数据未列入表格。

净资产收益率是净利润与平均股东权益的百分比，该指标反映股东权益的收益水平，用以衡量公司运用自有资本的效率。简单来说，就是股东投入 100 元，企业一年可以为股东赚多少钱。指标值越高，说明投资带来的收益越高。

巴菲特曾说过，如果一个企业长期以来，能够为股东投入的 100 元，每年赚取 15 元以上的利润就算是高的。也就是说，净资产收益率超过 15% 就可以认定为比较优秀。

从表 7-5 能看到，除跨境通和新维国际，大部分电商公司 2019 年都给股东创造了收益。其中，安克创新的加权净资产收益率自 2016 年拿到 IDG 资本 3.27 亿融资后，连续三年稳定在 30% 以上，盈利能力十分稳定，是巴菲特口中比较优秀的企业。

跨境通，此前已经连续 4 年给股东创造收益，但是在 2019 年突然遭遇滑铁卢，净资产收益率达到 −45.52%。从融资情况来看，自环球易购 2014 年嫁入百圆裤业以来，前后共增发 5 次，总共募集 49.6 亿元。

7.2 2020年跨境电商财报分析

随着年报季的结束，各大跨境电商上市公司相继披露了过去一年的成绩单。相比2019年，2020年新增了三家跨境电商上市公司（安克创新、杰美特、VESYNC），易佰网络被华凯创意收购也终于得到深交所批准。

对于整个行业，2020年是意义特殊的一年。不少跨境电商的业绩实现了大幅增长；与此同时，也有跨境电商在激烈竞争中逐渐掉队。

此次盘点从营收、净利、毛利率、存货周转、现金流等多个维度，横向对比跨境电商出口业务占比超过50%的上市公司及新三板挂牌企业，文中数据已尽量剔除了非跨境电商出口业务部分。

安克规模一马当先，遨森、兰亭净利暴增

表7-6　2020年跨境电商上市公司业绩

企业名称	营业收入（亿元）	同比增长	扣非净利润（亿元）	同比增长
安克创新	93.53	40.54%	7.27	26.28%
通拓科技	74.59	42.90%	1.56	−48.22%
环球易购	51.31	−35.68%	−29.53	/
帕拓逊	49.47	43.88%	3.18	78.19%
泽宝	47.74	68.57%	2.47	65.77%
有棵树	47.49	20.16%	4.16	33.01%
易佰网络	42.59	19.40%	3.64	281.83%
遨森电商	34.57	109.79%	3.12	1750.53%
兰亭集势	25.68	63.40%	0.86	1161.44%
吉宏股份	25.51	114.30%	3.67	157.55%
VESYNC	22.52	126.70%	3.53	758.80%

续表

企业名称	营业收入（亿元）	同比增长	扣非净利润（亿元）	同比增长
乐歌股份	19.41	98.42%	1.85	277.30%
杰美特	8.55	3.06%	0.90	−33.15%
择尚科技	2.97	45.69%	−0.07	/
百事泰	2.28	−12.41%	0.15	50.16%

注：兰亭集势、VESYNC 相关数据已按当前汇率换算为人民币（下同）

数据来源：公司财报

整体来看，大部分跨境电商的营收规模在2020年都实现较大幅度增长。而由于环球易购的陨落，安克创新稳步增长，成为名副其实的跨境电商上市公司领头羊。增速方面，遨森电商、吉宏股份、VESYNC 较上一年均实现翻倍增长。

1. 安克创新2020年实现营业收入93.53亿元，同比增长40.54%；扣非净利润7.27亿元，同比增长26.28%。值得一提的是，安克创新的无线音频类产品和智能创新类产品的营收占比首次超过充电类产品，完善产品线的同时，摆脱了对单一产品的依赖。

2. 由于连续两年大额计提存货跌价准备，环球易购继2019年亏损26.51亿元后，2020年再亏损29.53亿元，几乎相当于其他A股上市公司的净利总和。不止于此，环球易购创始人、高管相继离职，员工从3353人锐减至885人，曾经的跨境电商巨头陨落至此，仅用了两年。

3. 通拓科技在营收增长42.9%的情况下，扣非净利润却下滑48.22%。作为铺货大卖的代表，通拓的 SKU 超过55万个。但在新冠疫情影响下，国际航线大幅减少，空运价格大涨，使其经营成本大幅上涨，最终导致增收不增利的局面。

4. 遨森电商2020年业绩十分亮眼，实现营业收入34.57亿元，同比增长109.79%。扣非净利润3.12亿元，同比增长1750.53%。一方面，受海外新冠疫情影响，宅经济需求爆发带动家居产品需求爆发；另一方面，遨森电商背靠浙江家居产业的强大供应链，又在近年大力布局海外仓，从而保证了物流的稳定性。

5. 兰亭集势自2019年扭亏后，2020年继续保持着高速增长，实现营业收入25.68亿元，同比增长63.40%。扣非净利润0.86亿元，同比增长1161.44%。首先，海外新冠疫情加速了零售线上化，兰亭集势2020年归属于新客户的销售收入为2.19亿美元，同比增长136%，近三年里首度超过归属于回头客的收入；其次，自2018年第四季度以来，将业务重点转移自销售家庭花园、快时尚、婚礼活动、体育和户外等毛利率较高的品类。

6. VESYNC 主营小家电和智能家居，宅经济需求爆发带动公司部分产品热销，包括空气净化器、空气炸锅、体重秤及智能体脂秤等。

会计政策致毛利率普跌

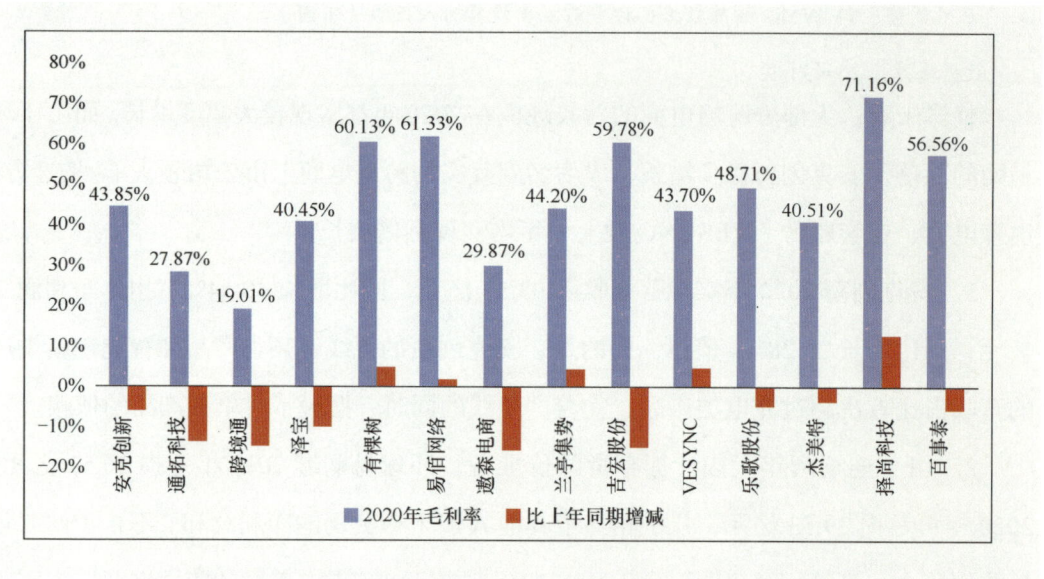

图7-4 2020年跨境电商上市公司毛利率

由于大部分企业自2020年1月1日起执行新收入准则，将为履行合同而发生的运输费用作为合同履约成本，最终结转为主营业务成本。因此，大部分跨境电商的毛利率都较上年有所下滑。图7-4中，毛利率较上年提升的有棵树、易佰网络、兰亭集势、VESYNC、择尚科技、百事泰，均未将运费结转为营业成本。

1. 虽然将运费从销售费用调整到营业成本，但吉宏股份的毛利率仍高达59.78%，其2019年毛利率更是高达74.29%。超高的毛利率主要得益于吉宏股份的单页广告COD模式，该模式无须额外对接支付工具，并且不需要压货，产品都是客户下单后再进行采购，成本几乎只有广告成本。

2. 同是主营大件家居产品的遨森电商和乐歌股份，毛利率差异比较明显，主要原因体现在研发投入上。截至2020年12月31日，乐歌股份拥有专业研发与技术人员647人，而遨森电商的研发及技术人员为173人。同时，乐歌股份拥有有效专利技术987项，其人体工学产品保证了较高的毛利率。

遨森存货占比超 50%，兰亭集势存货管理独一档

表7-7 跨境电商上市公司2020年存货

企业名称	存货（亿元）	占总资产比例	比重增减	存货周转率
安克创新	15.89	22.76%	-13.94%	3.88
通拓科技	11.55	15.84%	-0.03%	6.16
跨境通	16.76	26.85%	-2.04%	5.88
泽宝	9.28	22.92%	4.79%	4.51
有棵树	12.24	26.98%	8.20%	1.98
易佰网络	5.54	44.22%	-16.56%	2.95
遨森电商	9.24	51.98%	-3.16%	3.81
兰亭集势	0.64	6.28%	-0.22%	46.09
吉宏股份	2.91	10.34%	0.33%	9.38
VESYNC	6.16	26.00%	-11.54%	3.00
乐歌股份	5.26	18.35%	6.23%	2.88
杰美特	0.84	3.97%	-5.24%	7.31
择尚科技	0.11	19.91%	1.37%	7.81
百事泰	0.74	43.54%	3.89%	1.33

数据来源：公司财报

对于跨境电商行业，存货管理的重要性不言而喻。特别是有了环球易购的前车之鉴，跨境电商更加注重存货周转的效率。

1. 安克创新、VESYNC、易佰网络的存货占比相较 2019 年下降超过 10%。其中，安克创新、VESYNC 因为 2020 年 IPO 募资实现总资产增加，存货占比下降；而易佰网络得益于经营活动现金流的显著改善，账面货币资金较2019年末增长526.20%，同时存货余额下降 1.15%，因而使得存货占比下降 16.56%。

2. 遨森电商的期末存货余额为 9.24 亿元，较期初增长 164.33%，占总资产的 51.98%。而此前 2018 年、2019 年，遨森电商的存货占比分别是 58.87%、55.34%。可见，遨森电商为保证未来销售，长期采用大量提前备货的形式。这对于遨森电商的资金周转提出了更高的要求。

3. 兰亭集势的存货周转率独一档，与其高效的供应链管理模式有关。一方面，兰亭集势直接从制造商进货缩短供应链；另一方面，对于定制品，兰亭集势拥有流程化的生产协调能力，接到订单后能够迅速完成生产并送至仓库，对于非定制品，兰亭集势则会提前让供应商备货在自己的仓库中，并根据商品受欢迎程度，增加备货量或提前清理销售不佳的

商品库存。

净利润质量普遍良好，通拓净现比高达 3.67

表7-8　跨境电商上市公司2020年现金流

企业名称	经营活动产生的现金流量净额（亿元）	净利润（亿元）	净现比
安克创新	1.88	7.27	0.26
通拓科技	5.72	1.56	3.67
跨境通	−1.72	−36.55	/
泽宝	−1.52	2.61	−0.58
有棵树	−2.80	4.17	−0.67
易佰网络	5.17	3.64	1.42
遨森电商	1.04	3.12	0.33
兰亭集势	1.89	0.86	2.20
吉宏股份	5.39	3.80	1.42
VESYNC	0.63	3.53	0.18
乐歌股份	2.16	1.85	1.17
杰美特	0.99	0.90	1.10
择尚科技	0.02	−0.07	/
百事泰	0.42	0.15	2.80

数据来源：公司财报

现金流就像一家公司的血液，而净现比是衡量一个企业"真实"盈利能力的核心指标。当净现比大于1，说明经营净额比净利润大，也就是说这个净利润是由真金白银支持的；反之，则说明公司的净利润含金量低。

1. 2020年度，仅跨境通、泽宝、有棵树三家公司的经营活动产生的现金流量净额未实现净流入。

一直以来，跨境通的高速增长基本没有给公司带来正向的现金流入。一方面，大量铺货需要提前支付货款；另一方面，存货压在仓库迟迟不能变现，过季后即便打折也很难销售。最终，现金流问题成为压垮企业的最后一根稻草。

而对于泽宝和有棵树，泽宝解释称"经营规模加大应收账款和存货相应增加，同时年末上游价格上涨采购付款提前影响"；有棵树解释称"随着业务规模不断扩大，依据平台业务规则沉淀的受限资金也在不断增多"。

2. 从净现比来看，通拓2020年实现净利润1.56亿元，但是经营活动产生的现金流量净额达到 5.72 亿元，净现比达到 3.67。主要源于通拓营收增长，销售商品、提供劳务收到的现金增加及购买商品预付的款项有所减少所致。

3．安克创新 2020 年经营活动产生的现金流量净额为 1.88 亿元，较上年同期减少 51.02%。安克创新称，主要系产品备货支出以及品牌建设投入上升所致。

结语：

总的来看，经历了行业爆发的 2020 年，头部企业与中小卖家的差距越来越大，马太效应明显。在资本的推动下，未来还会有更多的跨境电商大卖家登陆资本市场。对于中小卖家而言，只有找到自身的差异化优势，才能在激烈的市场竞争中生存下来。

与此同时，海量铺货模式的局限性逐渐显现。环球易购的陨落，或许也标志着一个时代的结束。不管是有棵树、通拓这种曾经的铺货大卖家，还是依靠单页广告模式的吉宏股份，都有意向或是已经开始往精品、品牌的方向调整。

此外，2020 年是相对特殊的一年，得益于宅经济需求爆发而热销的大件家居、小家电等产品，能否维持高速增长，还有待观察。

后记
复刻国内电商发展路径,推动品牌和物流出海

后记一

过去十年,跨境电商逐渐从一株小树苗成长为一棵不容忽视的大树。不仅有完备的生态链条,而且链条上的各个环节也都有优秀的企业冒出。

特别是近几年,资本对于跨境电商企业的追捧越发热烈,获得融资的企业越来越多,金额越来越高,并且有企业陆续登陆资本市场。

回顾跨境电商这十年的发展历程,与国内电商的早期发展十分相似。不管是跨境卖家在国外市场的渗透,还是跨境物流的全球化进程,甚至是整个生态的发展,都像极了国内电商的发展路径。

更重要的是,由于国内电商发展的经验积累与应用,跨境电商少走了不少弯路,其发展速度比国内电商还要快。

2020年,新冠肺炎疫情的突如而至,不仅没有阻碍跨境电商的发展,反而促进了欧美地区的电商渗透,成为推动行业爆发、打破传统外贸壁垒的一针重要催化剂。

品牌出海,将会是跨境电商未来几年的主旋律。与此同时,伴随商流信息壁垒的打破,中国的跨境物流企业也跟随品牌延展业务边界至全世界。

过去十年,国内电商成就了一批消费品牌和快递龙头。我们有理由相信,未来五年,跨境电商有望复刻这一路径,成就又一批具备国际影响力的中国品牌和中国物流龙头。

后记二

韬光养晦的中国供应链

数十年来,中国一直扮演着支撑全球供应链的最核心也是最底层的角色。可最核心与最底层的角色,没有给专注、投入、尽责的中国企业带来真正的全球化认可以及效益。全球代工厂的定位,反而遏制了多数中国企业的全球营销能力。

不过,在过去十年间,全球商业开始产生起始规模微小却增速飞快的变化。互联网革命后期,基础设施逐渐完善,跨境电商的飞速发展成为中国企业在全球消费市场攻城略地的利器。韬光养晦数十年的中国供应链,成了中国跨境电商的坚强后盾。

中国跨境电商的全球化优势

伴随着海外消费者的期望值越来越高,经过十年的电商升级,现在跨境电商的订单履约中,已有超过60%是通过海外履约中心就地派送。不仅时效缩短到2～5天内,较好的消费者收货体验提高了回购比例,同时商家的毛利率也可以提高。

当下,跨境电商依然需要面对链条长且多变的供应链浮动以及不同国家之间的关务与贸易法规,需要优化营销端与海外消费者的沟通效率,需要解决通往全球的订单履约。在以海外履约中心为支点的支持下,中国跨境电商可以更专注于营销、产品、运营管理,同时运用海外履约中心达成差异化的市场拓展战略。

线上交易订单等于营收吗

跨境电商卖家只有履约完成才能促进快速闭环。但是,跨境电商 ToC 的履约服务需要精准按照 SKU 进行入库上架和存储管理,还要处理单件或多件拣选,单件或多件混合包装的问题。另外,交付派送后要持续追踪确保订单完成履约。

因此，ToC 履约需要的远不只是仓库面积或存储空间，而是精细化管理以及满足多种营销场景的海外本地支持。

海外 ToC 订单履约中心的趋势

对于跨境电商商家来说，在主要流量还是依靠电商平台的现阶段，多平台多销售渠道的策略就非常关键。

万邑通作为海外 ToC 订单履约中心的代表，现已支持商家一份库存可以在多个地区、多个渠道同时销售，并保持库存端与电商平台同步一致，确保可销售库存准确。

另外，多平台多地区的销售策略下，海外履约的规划十分关键。跨境电商商家在前端积极营销取得的订单，如果第一时间联动 ToC 海外履约中心快速发货，可以正循环优化消费者体验，加速资金回笼的速度，提高库存周转。

同时，服务完整的 ToC 海外履约中心，还可配合商家提供多种营销策略组合，例如库内二次包装、品牌化包装、预售模式、高端贵重商品履约保障服务等。让不同核心能力跟战略的商家，可以实现差异化经营。

更深一层来看，ToC 海外履约中心除了在商品货流中扮演了关键角色，对商品合规、海外税务、交易信誉乃至于售后服务、线下业务拓展都可以给予非常必要的支持。可以说，未来中国优品拓展跨境电商业务发展中，ToC 海外履约中心是必不可少的环节，也越来越重要与核心。

中国有优势的供应链，有成熟尖端的国内电商营销积淀，现在正是中国企业从供应链底层以及商业价值链的末端，真正崛起成为全球商业控制中心（Control Tower）的最好时机。

万邑通成立至今快十年了，十年间我们不断地试错、迭代、学习。我们希望与行业合作伙伴共同发展提高服务质量，制定服务标准，让更多对于跨境履约有投入兴趣的企业可以少踩我们走过的坑。

更希望在跨境行业服务体系、服务商、合作伙伴的共同良性驱动下，实现中国企业、中国品牌、中国优品扬帆全球，引领全球商业发展。

万邑通集团

附录
跨境电商 2011—2020 年投融资清单

附表

时间	公司名称	主营业务	轮次	金额	投资方
2020年					
12月25日	马帮ERP	跨境电商ERP软件	战略投资	数千万元人民币	光云科技
12月18日	VESYNC	海外市场的小家电电商	IPO上市	15.51亿港元	高瓴资本等
12月9日	速达非Speedaf	中非跨境一站式物流服务商	A轮	1000万美元	元璟资本（领投）、中通快递
12月4日	AHOY	阿联酋电子商务物流服务商	种子轮	220万美元	未披露
11月30日	飞盒跨境	跨境电商物流服务商	天使轮	1000万美元	元璟资本
11月24日	致欧科技	家居跨境电商	战略投资	未披露	百度
11月24日	大健云仓	大件商品跨境贸易B2B交易平台	战略投资	2.6亿元人民币	京东（领投）元禾控股
11月23日	跨个境	跨境物流运输服务平台	战略投资	3000万美元	运个货
11月23日	泛鼎国际	跨境物流服务提供商	A轮	亿元及以上人民币	鼎晖投资（领投），惟一资本、概念资本、鸿晟基金跟投、指数资本（财务顾问）
11月16日	EIZ	跨境电商物流管理平台	天使轮	未披露	未披露
10月26日	万拓科创	消费电子类智能设备研发销售商	A轮	3亿元人民币	红杉资本中国基金
10月19日	ASINKING领星	跨境电商SaaS解决方案提供商	A轮	7000万元人民币	高瓴创投（领投）顺为资本（领投）蓝湖资本
10月13日	箱信	集装箱物流服务APP	A轮	未披露	招商局创投
10月12日	店匠科技	海外电商B2C独立站销售平台	B轮	1000万美元	云九资本、红杉中国、前海母基金、磐晟资产
9月24日	欧税通	SaaS跨境税务申报平台	战略投资	1000万元人民币	架桥资本（领投）一亿中流（领投）启利发展（领投）
9月19日	斯达领科	互联网+跨境电商平台	A轮	3亿元人民币	红杉资本中国（领投）、天图投资、祥峰投资Vertex、灵犀资本、凌波资本（财务顾问）
9月10日	新环世（环世物流+大掌柜）	国际综合物流服务商	战略投资	数千万美元	菜鸟、创新工场、云启等机构，泰合资本（财务顾问）

续表

时间	公司名称	主营业务	轮次	金额	投资方
9月7日	鸭嘴兽	互联网货运服务商	Pre-B轮	3000万美元	明势资本（领投）顺为资本（领投）Unicorn India Ventures光源资本（财务顾问）
8月31日	追觅科技	智能家居产品研发商	B+轮	1亿元人民币	IDG资本领投，小米、顺为资本、峰谷资本、青锐创投
8月24日	安克创新	USB充电器研发商	IPO上市	27.19亿元人民币	深交所创业板
8月24日	杰美特	移动智能终端配件研发制造企业	IPO上市	13.2亿元人民币	深交所创业板
8月18日	领工云商	工业设备垂直领域跨境B2B交易平台	Pre-A轮	未披露	两江基金
8月6日	Fanslink	东南亚消费升级平台	Pre-A轮	数百万美元	活水资本
8月4日	SheIn领添科技	快时尚跨境电商网站	E轮	亿元及以上美元	未披露
8月3日	斯达领科	互联网+跨境电商平台	Pre-A轮	未披露	荐闻天下
7月30日	全速在线	快时尚出口跨境电商品牌	天使轮	3000万美元	今日资本（领投）、山行资本、红杉资本中国、高榕资本、五源资本-晨兴资本、IDG资本、天善资本
7月29日	飞书深诺	国际化营销服务提供商	C轮	亿元及以上人民币	达晨创投、洪泰基金
7月20日	Airwallex空中云汇	全球跨境支付平台	D+轮	4000万美元	阿里巴巴创业者基金
7月17日	北集司	国际性集装箱枢纽港运营商	战略投资	1.83亿元人民币	北部湾港
7月6日	纵腾集团	全球跨境电商基础设施服务商	C轮	5亿元人民币	泰康人寿（领投）、建发集团、福州金控、浙商创新资本、安诚资本、华兴资本（财务顾问）
6月28日	海管家	国际海运跨境电商平台	A轮	数千万元人民币	住友商事亚洲资本、正轩投资、毅仁资本（财务顾问）
6月18日	厦门吉客印	跨境电商平台	战略投资	1.2亿元人民币	吉宏股份
6月10日	西拼	跨境社交电商	Pre-A轮	500万元美元	Powerscale Capital（领投）
6月1日	速达非 Speedaf	中非跨境一站式物流服务商	战略投资	数千万元人民币	中通快递

续表

时间	公司名称	主营业务	轮次	金额	投资方
5月23日	四衡网络	外贸跨境电商平台	A轮	未披露	深创投
5月19日	美设国际	综合性物流方案提供商	A轮	数千万元人民币	华创资本（领投）原色咨询
4月17日	拓扑丝路	一站式新跨境贸易服务和金融服务提供商	Pre-A轮	数千万元人民币	名川资本（领投）青松基金
4月16日	Airwallex空中云汇	全球跨境支付平台	D轮	1.6亿美元	澳新银行、Salesforce Venture、DST Global、腾讯、红杉中国、高瓴创投、维港投资
3月30日	Urbanic	快时尚品牌	A+轮	1000万美元	复星锐正资本（领投）
3月2日	易仓科技	跨境全生态链软件服务供应商	A轮	1000万美元	五岳资本（领投）、真格基金、猎云资本（财务顾问）
2月20日	OrderPlus澳鹏网络	跨境电子商务公司	B轮	1亿元人民币	凯辉基金（领投）、星汉资本（财务顾问）
1月1日	Shopline	独立站平台	A轮	2000万美元	YY欢聚集团、亦联资本
2019年					
12月1日	拓扑丝路	一站式新跨境贸易服务和金融服务提供商	天使轮	未披露	青松基金
10月11日	Club Factory	出口电商服务平台	D轮	1亿美元	启明创投（领投）、贝塔斯曼亚洲投资基金、峰瑞资本、光源资本（财务顾问）
9月24日	Shoptago	跨境电商自建站平台	战略投资	800万元人民币	广州联雅
9月24日	Shoptago	跨境电商自建站平台	战略投资	800万元人民币	广州联雅
9月16日	SheIn领添科技	快时尚跨境电商网站	D轮	5亿美元	Tiger老虎基金(中国)（领投）、红杉资本中国、IDG资本
9月5日	OrderPlus澳鹏网络	跨境电子商务公司	A轮	未披露	九派创投
9月5日	SellerGrowth/卖家成长网	跨境电商教育服务平台	B轮	未披露	金沙江联合资本
8月19日	Perfee	孟加拉国电子商务在线购物平台	种子轮	100万美元	未披露
8月5日	Jollychic执御	跨境电商B2C品牌	C+轮	6500万美元	G42集团

续表

时间	公司名称	主营业务	轮次	金额	投资方
7月31日	Surprise	中俄跨境电商平台	A轮	未披露	新浪微博基金
7月26日	ZID	独立站建站平台	A轮	200万美元	Elm、MSA Capital、Arzan VC、部分天使投资人
7月26日	连连数字	跨境支付金融服务商	战略投资	未披露	中金佳泰、财通证券、浙大友创
7月22日	4Kmiles	跨境电商一站式服务商	天使轮	数百万元人民币	信天创投
7月17日	荣e通	第三方国际物流综合服务平台	Pre-A轮	1000万元人民币	中信正业
7月1日	Buyandship	跨境电子商务航运服务提供商	Pre-B轮	220万美元	Infinity Venture Partners（领投）、SQ Capital
6月29日	纵腾集团	全球跨境电商基础设施服务商	B+轮	未披露	闽服基金、商城金控
6月25日	Aftership	全球物流追踪SaaS服务商	A轮	数百万美元	翊翎资本
6月11日	运去哪	一站式国际物流服务平台	C轮	7000万美元	红杉资本中国（领投）、Coatue Management（领投）、源码资本、多维海拓（财务顾问）
6月6日	品沃	出口电商UGC红人社交电商平台搭建	天使轮	未披露	险峰长青
5月13日	拓拉思	工业装备垂直跨境电商平台	Pre-A轮	850万美元	未披露
4月25日	骐茂电商	巴基斯坦跨境电商平台	A轮	1亿元人民币	英诺天使基金、臻云创投、上海大学产业园、中欧商学院校友基金
4月23日	启橙电商	电子商务解决方案的第三方服务商	并购	7760万元人民币	中国联塑
4月16日	卖到非洲网	建材电商平台	Pre-B轮	8000万元人民币	华创资本
4月1日	追觅科技	智能家居产品研发商	B轮	5000万元人民币	未披露
4月1日	智度信息	跨境出口S2B2C	天使轮	未披露	险峰长青
3月28日	易佰网络	全球商品贸易整合供应链服务商	A轮	数千万元人民币	晨晖资本
3月26日	Airwallex 空中云汇	全球跨境支付平台	C轮	1亿美元	DST Global

续表

时间	公司名称	主营业务	轮次	金额	投资方
3月13日	斯达领科	互联网+跨境电商平台	天使轮	未披露	汇量投资
3月11日	卓志跨境	跨境电商供应链服务商	战略投资	未披露	钟鼎资本
3月6日	纵腾集团	全球跨境电商基础设施服务商	B轮	7亿元人民币	凯辉基金（领投）、普洛斯GLP（领投）、钟鼎资本
3月5日	Web2ship	亚洲各国地区跨境快递物流云平台	种子轮	数十万美元	中国加速Chinaccelerator
3月1日	PingPong	第三方跨境支付公司	D轮	未披露	华睿投资、鸥翎投资、赛伯乐投资、宽带资本、丽水琛石、易正天道、上海普罗股权投资
2月20日	运去哪	一站式国际物流服务平台	B+轮	数千万美元	Coatue Management（领投）、DCM中国、招商局创投、源码资本、多维海拓（财务顾问）
1月15日	Fordeal/哆啦科技	电商出海一站式平台	C+轮	1500万美元	和玉资本、浅月资本（财务顾问）
1月1日	致欧科技	家居跨境电商	C轮	亿元及以上人民币	嘉御基金
2018年					
12月22日	Starmerx星商	综合型跨境电商	C轮	亿元及以上人民币	时代伯乐（领投）、海尔资本、正海资本、正海资产
12月7日	Surprise	中俄跨境电商平台	天使轮	未披露	金沙江创投、险峰长青
12月1日	Fordeal/哆啦科技	电商出海一站式平台	C轮	4000万美元	高瓴资本（领投）、险峰长青、顺为资本、元璟资本、浅月资本（财务顾问）
11月28日	运去哪	一站式国际物流服务平台	B轮	未披露	住友商事亚洲资本
11月7日	运链	国际物流服务综合解决方案平台	A+轮	1000万美元	阿米巴资本（领投）、SIG海纳亚洲、伯藜创投
10月15日	致欧科技	家居跨境电商	B+轮	未披露	泽莽企业管理、语昂企业管理
10月1日	CoralGlobal珊瑚跨境	跨境金融综合服务平台	Pre-A轮	数千万元人民币	华瓯创投（领投）、杭州市政府创投基金
9月21日	货兜	海淘国际物流平台	A轮	未披露	跃马资本
9月18日	PingPong	第三方跨境支付公司	C轮	未披露	未披露
9月3日	美时互享	美国市场女性购物电商	天使轮	数百万元人民币	险峰长青（领投）

续表

时间	公司名称	主营业务	轮次	金额	投资方
8月20日	翌飞锐特eFreight	跨境航空物流解决方案服务商	B轮	2000万元人民币	招商局创投
7月25日	FunMart锋芒易商	中东、印度跨境出口电商平台	A+轮	3000万元人民币	钟鼎资本
7月7日	致欧科技	家居跨境电商	B轮	未披露	IDG资本
7月3日	Airwallex空中云汇	全球跨境支付平台	B轮	8000万美元	腾讯、红杉中国领投，高瓴资本、维港投资、Central Capital Ventura
6月27日	星邮物流	跨境电商物流服务提供商	Pre-A轮	未披露	泰亚鼎富
6月18日	全之脉	外贸电子商务B2C国际批发平台	C轮	7.8亿元人民币	升达林业
6月12日	睿搏集团	跨境电商综合服务类	天使轮	未披露	缥子资产
6月4日	SellerGrowth/卖家成长网	跨境电商教育服务平台	A轮	数千万元人民币	零一创投
6月1日	SheIn领添科技	快时尚跨境电商网站	C轮	数千万美元	红杉资本中国、顺为资本
6月1日	Fordeal/哆啦科技	电商出海一站式平台	B轮	1500万美元	顺为资本（领投）、GGV纪源资本、险峰长青、元璟资本、浅石创投
5月31日	有棵树	双向跨境电商	D轮	1.02亿元人民币	鼎晖投资
5月31日	星邮物流	跨境电商物流服务提供商	天使轮	未披露	递优国际物流
5月28日	Jollychic执御	跨境电商B2C品牌	C轮	亿元及以上美元	红杉资本中国（领投）、君联资本、华金资本(力合股份)、鼎晖投资、平安创新投资基金、兰馨亚洲
5月16日	致欧科技	家居跨境电商	A轮	未披露	博时资本(博时基金)、安克创新
4月28日	货图	跨境供应链管理系统	A轮	未披露	仁弘资本、华创资本、朗盛投资
4月18日	Pat Pat	母婴出口电商平台	C轮	3亿元人民币	红杉资本中国、IDG资本、峰瑞资本、SIG海纳亚洲
3月30日	纵腾集团	全球跨境电商基础设施服务商	A轮	亿元及以上人民币	复星创富、联合创投、钟鼎资本、普洛斯GLP、缥子资产、纵联资本
3月29日	爱速同创	跨境物流服务提供商	天使轮	未披露	梅花创投

续表

时间	公司名称	主营业务	轮次	金额	投资方
3月22日	PingPong	第三方跨境支付公司	B+轮	未披露	国际金融
2月14日	全之脉	外贸电子商务B2C国际批发平台	战略投资	未披露	云毅投资、杉杉创投、邦明资本、中汇金、君丰资本、九渊资本、西藏瞭望瀛海创业投资、君瑞投资、祥榕投资
2月11日	Club Factory	出口电商服务平台	C轮	1亿美元	IDG资本、峰瑞资本、真格基金、昆仑资本、贝塔斯曼亚洲投资基金
1月19日	运链	国际物流服务综合解决方案平台	A轮	1.2亿元人民币	襄禾资本、SIG海纳亚洲、伯藜创投
1月18日	泛鼎国际	跨境物流服务提供商	战略投资	数千万元人民币	子米投资
1月18日	俄速通	俄罗斯电商分销平台	B轮	未披露	朗江创投
1月15日	前海帕拓逊	海外营销与全程物流解决方案服务商	战略投资	2.7亿元人民币	跨境通
1月3日	致欧科技	家居跨境电商	天使轮	未披露	沐桥企业管理、科赢企业管理
1月1日	Fordeal/哆啦科技	电商出海一站式平台	A轮	350万美元	元璟资本（领投）、浅石创投（领投）、险峰长青
2017年					
12月18日	旺集科技	俄罗斯海外仓配及营销服务	B轮	数千万元人民币	赛富基金SAIF Partners
12月14日	Airwallex空中云汇	全球跨境支付平台	A+轮	600万美元	Square Peg Capital
12月5日	环金科技	跨境电商服务提供商	Pre-A轮	5000万元人民币	光华资本（领投）
12月1日	Starmerx星商	综合型跨境电商	B轮	1亿元人民币	海尔资本、九弦资本、大观资本、盈信国富、四方承宇、北广文资
11月30日	PatPat	母婴出口电商平台	B轮	未披露	SIG海纳亚洲
11月30日	燕文物流	跨境电商物流综合服务商	B轮	数亿元人民币	君联资本、毅达资本
11月7日	Buffalo旨福供应链	专注于非洲复合跨境物流网络	天使轮	数百万元人民币	大观资本（领投）、深圳城蓝资产、原子创投
11月6日	拓拉思	工业装备垂直跨境电商平台	Pre-A轮	1240万美元	磐通资本（领投）

续表

时间	公司名称	主营业务	轮次	金额	投资方
10月31日	运去哪	一站式国际物流服务平台	战略投资	1亿元人民币	招商局创投、毅仁资本（财务顾问）
9月30日	义新欧	跨境贸易综合服务商	战略投资	未披露	圆通速递、华融天泽–华融证券
9月28日	踏浪者	快时尚跨境电商B2C网站	C轮	未披露	福泰投资、华益春天投资
9月28日	四海商舟	综合性海外市场拓展方案提供商	D轮	未披露	青蓝创投
9月23日	Kilimall	面向非洲市场的跨境电商平台	A轮	1000万美元	安赐资本（领投）
9月6日	深圳波赛冬	户外用品渔具跨境电商	战略投资	500万元人民币	海翼股份（领投）
9月1日	FunMart锋芒易商	中东、印度跨境出口电商平台	A轮	数千万元人民币	IDG资本（领投）
8月29日	赛维电商	外贸B2C电子商务运营商	战略投资	2.22亿元人民币	厦门鑫瑞集泰股权投资合伙企业（有限合伙）
8月9日	Jollychic执御	跨境电商B2C品牌	B轮	亿元及以上人民币	达晨创投/达晨财智、鼎晖投资、坚果资本
7月21日	FunMart锋芒易商	中东、印度跨境出口电商平台	天使轮	2000万元人民币	天使投资人
6月22日	运去哪	一站式国际物流服务平台	A+轮	5000万元人民币	DCM中国（领投）、星河互联、春晓资本
6月14日	Fordeal/哆啦科技	电商出海一站式平台	天使轮	数百万元人民币	险峰长青
6月12日	Buffalo旨福供应链	专注于非洲复合跨境物流网络	种子轮	数百万元人民币	原子创投
5月27日	不木科技	跨境零售运营商	天使轮	数千万元人民币	韩都衣舍
5月22日	易麦宝	跨境电商云服务SaaS平台	天使轮	400万元人民币	英诺天使基金
5月20日	智千电商	智能家居、个护美妆跨境电商	天使轮	数百万元人民币	未披露
5月10日	WOOK	印尼首家移动电商平台	B轮	1.5亿元人民币	麦星投资（领投）、旦恩资本
5月1日	Airwallex空中云汇	全球跨境支付平台	A轮	1300万美元	红杉中国、万事达
4月27日	曹操到	主打国际性跨域极限配送	天使轮	数百万元人民币	未披露

续表

时间	公司名称	主营业务	轮次	金额	投资方
4月27日	四海商舟	综合性海外市场拓展方案提供商	C轮	未披露	百兴年代
3月31日	泛鼎国际	跨境物流服务提供商	Pre-A轮	数千万元人民币	九曳供应链、元颂创投
3月14日	Club Factory	出口电商服务平台	B轮	未披露	贝塔斯曼亚洲投资基金
3月13日	PingPong	第三方跨境支付公司	B轮	未披露	广发信德、富达投资
3月2日	踏浪者	快时尚跨境电商B2C网站	B轮	2亿元人民币	英飞尼迪Infinity（领投）、亚商资本、前海恒昇基金、华睿投资、考拉基金、云岫资本（财务顾问）
3月2日	微观互联	专注于跨境物流数据服务	Pre-A轮	数千万元人民币	五岳资本
2月23日	卓志跨境	跨境电商供应链服务商	战略投资	2亿元人民币	普洛斯GLP
2月9日	时刻邮	定制跨境电商卖家专属物流服务圈	A轮	3000万元人民币	坚果创投、坚果资本、华媒控股
2月8日	万邑通	跨境电商整体供应链解决方案服务提供商	B轮	未披露	东方产融
1月6日	跨海侠	跨境电子商务平台	A轮	数千万元人民币	富田资本（领投）
1月3日	越域网	跨境出口分销电商平台	Pre-A轮	数千万元人民币	未披露
2016年					
12月13日	海翼电商	USB充电器研发商	A轮	3.27亿元人民币	IDG资本
12月1日	好德软件	俄语版跨境电商平台	天使轮	500万人民币	未披露
11月1日	金蟾云	跨境电商智能ERP系统	种子轮	数百万元人民币	未披露
10月31日	有棵树	双向跨境电商	C轮	4亿元人民币	方正和生投资、金石投资、盛世景投资、天星资本、继子资产、申万投资、华益资本
10月25日	Starmerx星商	综合型跨境电商	A轮	4500万元人民币	海尔资本、正海资产
10月22日	U-FUN优范	专注俄罗斯市场的B2C出口跨境电商平台	天使轮	500万人民币	未披露

续表

时间	公司名称	主营业务	轮次	金额	投资方
9月28日	GRANA	面向消费者的在线时尚品牌	A轮	数千万元人民币	凯辉基金、Integral雄厚资本、点亮资本
9月1日	Jollychic执御	跨境电商B2C品牌	Pre-B轮	2亿元人民币	富安娜（领投）、浙江富润股份、华睿投资
8月31日	伊始贸易	跨境贸易服务商	天使轮	数百万元人民币	海丰至诚
8月30日	PingPong	第三方跨境支付公司	A轮	2000万美元	沃富资本、富达投资、斯道资本
8月26日	店小秘	跨境电商ERP提供商	Pre-A轮	未披露	大河创投，知初资本
8月22日	旺集科技	俄罗斯海外仓配及营销服务	A轮	4500万元人民币	红石诚金、厦门海西明珠投资
8月12日	OrderPlus澳鹏网络	跨境电子商务公司	天使轮	未披露	西安龙颖网络科技有限公司
8月10日	棒谷	跨境贸易B2C电商	战略投资	未披露	金石投资、向日葵投资
8月3日	凿空信息	欧美女装跨境电商平台	天使轮	100万元人民币	快乐达
8月2日	SellerGrowth/卖家成长网	跨境电商教育服务平台	Pre-A轮	数百万元人民币	丁香汇创投、创业邦天使基金
7月24日	SellerGrowth/卖家成长网	跨境电商教育服务平台	天使轮	400万元人民币	英诺天使基金、大河创投、东方富海
7月22日	递四方	跨境电商物流供应商	战略投资	未披露	菜鸟
7月15日	优意思	跨境供应链综合服务及解决方案提供商	A轮	未披露	同方厚持
7月12日	纵腾集团	全球跨境电商基础设施服务商	战略投资	未披露	前海梧桐并购基金
7月5日	Airwallex空中云汇	全球跨境支付平台	Pre-A轮	300万美元	戈壁风投、引力创投、华山资本等
7月1日	运链	国际物流服务综合解决方案平台	Pre-A轮	数千万元人民币	阿米巴资本（领投）、伯藜创投、十维资本、英诺天使基金、PreAngel、嘉维资本
7月1日	58货运	国际物流服务综合解决方案平台	Pre-A轮	400万元人民币	阿米巴资本（领投）、伯藜创投、PreAngel、嘉维资本
6月29日	时刻邮	定制跨境电商卖家专属物流服务圈	Pre-A轮	1000万元人民币	湖畔山南资本

续表

时间	公司名称	主营业务	轮次	金额	投资方
6月28日	佳成国际	跨境物流综合服务商	A轮	未披露	未披露
6月27日	赛维电商	外贸B2C电子商务运营商	B轮	数千万元人民币	广发信德、光照资本、坚果资本、琢石投资
6月20日	万邑通	跨境电商整体供应链解决方案服务提供商	战略投资	未披露	中银投资
6月16日	骐茂电商	巴基斯坦跨境电商平台	天使轮	数百万元人民币	英诺天使基金、臻云创投
6月7日	小笨鸟	跨境电商服务平台	A轮	数千万元人民币	未披露
5月4日	BingaBinga	跨境出口零售电商平台	天使轮	350万元人民币	Cherubic Ventures心元资本
5月1日	货兜	海淘国际物流平台	Pre-A轮	数千万元人民币	中路资本、阿米巴资本
4月1日	运链	国际物流服务综合解决方案平台	天使轮	500万元人民币	未披露
4月1日	58货运	国际物流服务综合解决方案平台	天使轮	400万元人民币	PreAngel
3月16日	Tomtop通拓科技	跨境电商服务公司	A+轮	数千万元人民币	纵联资本
3月15日	BellaBuy	定位于欧美年轻女性的移动跨境电商	Pre-A轮	1000万元人民币	安芙兰资本
3月10日	曹操到	主打国际性跨域极限配送	种子轮	500万元人民币	星河互联
3月1日	价之链	提供跨境电商服务一体化解决方案	B轮	数千万元人民币	奇酷资产（领投）
3月1日	出口易	跨国电商全程物流解决方案服务商	C轮	亿元及以上人民币	未披露
3月1日	EZbuy	新加坡电商平台	B轮	2000万美元	IDG资本、华创资本、嘉御基金
3月1日	Club Factory	出口电商服务平台	A轮	数千万元人民币	峰瑞资本、真格基金、IDG资本
2月28日	GRANA	面向消费者的在线时尚品牌	Pre-A轮	350万美元	MindWorks Ventures概念资本、Golden Gate Ventures、Bluebell Group
1月29日	马帮ERP	跨境电商ERP软件	Pre-A轮	数千万元人民币	创业黑马基金、梅花创投、微光创投
1月28日	Kilimall	面向非洲市场的跨境电商平台	天使轮	数百万元人民币	安赐资本

续表

时间	公司名称	主营业务	轮次	金额	投资方
1月27日	马珂博逻	跨境电商综合运营服务商	A轮	1000万元人民币	颐成投资
1月22日	新世洋	电子商务及物流综合服务商	A轮	1000万元人民币	金色未来
1月12日	邻耘科技	主打非洲电商服务	天使轮	数百万元人民币	上海掌门科技
2015年					
12月28日	踏浪者	快时尚跨境电商B2C网站	A轮	6000万元人民币	九鼎投资（领投）、祥融财富
12月22日	泛鼎国际	跨境物流服务提供商	天使轮	数百万元人民币	浙大友创
12月15日	前海帕拓逊	海外营销与全程物流解决方案服务商	A轮	3亿元人民币	跨境通
12月1日	懒熊跨境	跨境电商平台	天使轮	300万元人民币	未披露
12月1日	有棵树	双向跨境电商	B轮	4亿元人民币	汤臣倍健、璀璨资本、联创永宜、海通创新资本、继子资产、联创好玩、建研科技
11月13日	航天丝路	跨境电商供应链一体化服务平台	A轮	未披露	航天科工资产
11月10日	思亿欧网络科技	为传统外贸企业提供网络营销解决方案	A轮	5000万元人民币	帮实资本、蓝山投资
11月5日	货兜	海淘国际物流平台	种子轮	180万元人民币	阿米巴资本
11月1日	马帮ERP	跨境电商ERP软件	天使轮	未披露	创业黑马基金
10月30日	Surprise	中俄跨境电商平台	种子轮	未披露	险峰长青
10月27日	全之脉	外贸电子商务B2C国际批发平台	B轮	未披露	东证资本、继子资产、盛世景投资、易方达基金、无锡耘杉投资、汇丰大通、德清元古、祥风瑞标投资、泓创投资、今缘投资
10月22日	艾琳格瑞	专注B2C+F2C业务的贸易性电商公司	A轮	未披露	联想之星
10月20日	xberts智能创富	跨境电商垂直交易平台	A轮	未披露	Plug and Play Tech Center
10月3日	卖到全世界	跨境电商卖家导航网站	天使轮	300万元人民币	未披露

续表

时间	公司名称	主营业务	轮次	金额	投资方
10月1日	俄速通	俄罗斯电商分销平台	A轮	数千万元人民币	弘卓资本、华卓投资
9月29日	四海商舟	综合性海外市场拓展方案提供商	B轮	1500万元人民币	金茂资本
9月28日	海管家	国际海运跨境电商平台	天使轮	1000万元人民币	险峰长青
9月24日	赛维电商	外贸B2C电子商务运营商	A轮	数千万元人民币	未披露
9月14日	PingPong	第三方跨境支付公司	天使轮	1500万元人民币	未披露
9月10日	前海浩方	跨境电商行业营销服务平台	B轮	未披露	君联资本、联想控股、兰馨亚洲
9月1日	58货运	国际物流服务综合解决方案平台	种子轮	100万元人民币	未披露
9月1日	SellerGrowth/卖家成长网	跨境电商教育服务平台	种子轮	425万元人民币	浩方创投、果动投资
8月21日	ICS国际货物电商平台	主打国际航空物流的撮合交易平台	天使轮	500万元人民币	徽瑾创投
8月21日	二货网	电子商务交易与服务平台	天使轮	1000万元人民币	未披露
8月18日	旺集科技	俄罗斯海外仓配及营销服务	Pre-A轮	1000万元人民币	红石诚金
7月24日	云豆科技	印度跨境S2B2C电商平台Milmila	Pre-A轮	1000万元人民币	华睿投资
7月20日	Pat Pat	母婴出口电商平台	A轮	数百万美元	峰瑞资本、IDG资本
7月3日	万方网络	智能硬件跨境电商平台	天使轮	未披露	国海创新资本
7月2日	源兴发	主营3C、手机配件、服装饰品类等	天使轮	数百万元人民币	浩方创投
7月1日	运链	国际物流服务综合解决方案平台	种子轮	100万元人民币	PreAngel
6月30日	四海商舟	综合性海外市场拓展方案提供商	Pre-B轮	未披露	拉萨肯瑞企业投资咨询有限公司
6月26日	货图	跨境供应链管理系统	A轮	2000万美元	IDG资本、经纬中国、云启资本
6月23日	百事泰	国际F2C跨境电商连锁企业	A轮	1000万元人民币	天星资本

续表

时间	公司名称	主营业务	轮次	金额	投资方
6月11日	兰亭集势 Lightinthebox	B2C跨境电商平台	战略投资	7000万美元	华兴资本（财务顾问）
6月7日	略合电子商务	中俄跨境贸易的供应链服务及外贸B2C平台	A轮	未披露	真格基金、红杉资本中国
6月5日	SheIn领添科技	快时尚跨境电商网站	B轮	3亿元人民币	IDG资本、景林投资
5月30日	Jollychic执御	跨境电商B2C品牌	A轮	2250万元人民币	富安娜（领投）
5月19日	保宏电商	电子商务物流解决方案提供商	A轮	400万元人民币	浩方创投、易一天使
5月12日	价之链	提供跨境电商服务一体化解决方案	A轮	7700万元人民币	未披露
5月6日	Tomtop通拓科技	跨境电商服务公司	A轮	9000万元人民币	百圆裤业
4月2日	万邑通	跨境电商整体供应链解决方案服务提供商	A轮	数千万元人民币	基石资本
3月19日	大龙网 DinoDirect	跨国外贸B2C及B2B网站	D轮	数千万美元	北极光创投
3月10日	店小秘	跨境电商ERP提供商	天使轮	数百万元人民币	知初资本
3月3日	傲基电商	外贸B2C电子商务运营	战略投资	650万元人民币	时代伯乐
3月1日	Club Factory	出口电商服务平台	天使轮	数百万元人民币	IDG资本、真格基金
2月9日	前海帕拓逊	海外营销与全程物流解决方案服务商	战略投资	1224万元人民币	未披露
2月3日	阿尔比昂电商平台	跨国电子商务服务企业	A轮	未披露	未披露
1月24日	保宏电商	电子商务物流解决方案提供商	天使轮	数百万元人民币	浩方创投
1月21日	小老板	跨境电商ERP	天使轮	数百万元人民币	今日投资
1月12日	GRANA	面向消费者的在线时尚品牌	天使轮	600万美元	Golden Gate Ventures（领投）、MindWorks Ventures概念资本
1月3日	傲基电商	外贸B2C电子商务运营	A轮	3350万元人民币	时代伯乐

续表

时间	公司名称	主营业务	轮次	金额	投资方
1月1日	有棵树	双向跨境电商	A轮	1亿元人民币	广发信德、海通创新资本、缪子资产
2014年					
12月30日	递优国际物流	跨境电商物流服务运营商	天使轮	数百万元人民币	未披露
12月29日	艾琳格瑞	专注B2C+F2C业务的贸易性电商公司	天使轮	未披露	联想之星
12月23日	EZbuy	新加坡电商平台	A轮	数百万美元	GGV纪源资本、IDG资本
12月15日	WOOK	印尼首家移动电商平台	A轮	3000万元人民币	旦恩资本（领投）、源政投资（领投）、微光创投、长安私人资本、创业黑马基金
12月7日	Deals99	主打外贸出口、面向国外人购买中国商品的电商网站	天使轮	数百万元人民币	挑战者资本、孝昌水木投资、天使汇、创新工场
12月6日	运去哪	一站式国际物流服务平台	A轮	数千万美元	源码资本
12月1日	Pat Pat	母婴出口电商平台	天使轮	数百万美元	IDG资本
11月17日	OrderWithMe	面向海外中小商家的中国商品团购和批发服务网站	B+轮	数千万美元	Advantage Capital Partners、硅谷银行Silicon Valley Bank、Vegas Tech Fund、SOS Ventures
11月12日	EachBuyer.com	外贸电子商务平台	B轮	未披露	联想创投集团、君联资本、兰馨亚洲
11月1日	WOOK	印尼首家移动电商平台	Pre-A轮	400万元人民币	创业黑马基金（领投）
10月30日	万众凯旋	经营自主品牌的电子商务企业	A轮	未披露	深创投
10月12日	WOOK	印尼首家移动电商平台	天使轮	数百万元人民币	微光创投
10月1日	俄速通	俄罗斯电商分销平台	天使轮	数百万元人民币	中通快递
9月15日	出口易	跨国电商全程物流解决方案服务商	B轮	数千万美元	赛富基金SAIF Partners、KPCB凯鹏华盈中国
9月12日	敦煌网DHgate	主打外贸B2B的电商服务平台	D轮	亿元及以上人民币	华创资本
9月3日	前海浩方	跨境电商行业营销服务平台	A轮	未披露	君联资本

续表

时间	公司名称	主营业务	轮次	金额	投资方
9月1日	SheIn领添科技	快时尚跨境电商网站	A轮	500万美元	集富亚洲JAFCO（领投）、坚果资本
7月21日	Boxintheship宝舟科技	海外B2C电商平台	A轮	未披露	启创资本(浙江天德创投)
6月18日	赛维电商	外贸B2C电子商务运营商	天使轮	数百万元人民币	未披露
5月22日	AfterShip	全球物流追踪SaaS服务商	天使轮	100万美元	IDG资本
3月1日	侠特科技	外贸电子商务网站	A轮	数百万美元	IDG资本、源渡创投
1月27日	欧瑞思丹	致力于跨国电子商务零售业务	B轮	数千万美元	DCM中国
1月14日	翌飞锐特eFreight	跨境航空物流解决方案服务商	A轮	数千万元人民币	汉能投资、开物投资
1月1日	递四方	跨境电商物流供应商	D轮	5000万美元	IDG资本
1月1日	云豆科技	印度跨境S2B2C电商平台Milmila	天使轮	数百万元人民币	未披露
2013年					
12月1日	OrderWithMe	面向海外中小商家的中国商品团购和批发服务网站	B轮	600万美元	Infinity Venture Partners（IVP）、中国加速Chinaccelerator
8月1日	择尚科技	快时尚商品的跨境电子商务公司	A轮	500万元人民币	德骏资本
3月14日	Jollychic执御	跨境电商B2C品牌	天使轮	1500万元人民币	华睿投资（领投）
1月7日	SheIn领添科技	快时尚跨境电商网站	天使轮	数百万元人民币	坚果资本、天泽投资
1月1日	翌飞锐特eFreight	跨境航空物流解决方案服务商	天使轮	数百万元人民币	开物投资
1月1日	Boxc宝库西	中美物流服务	天使轮	数十万美元	500 Startups
1月1日	大龙网DinoDirect	跨国外贸B2C及B2B网站	C轮	数千万美元	SIG海纳亚洲
2012年					
12月4日	Milanoo米兰网	服饰外贸B2C运营商	B轮	数千万美元	盘古创富VANGOO、红杉资本中国
3月3日	傲基电商	外贸B2C电子商务运营	天使轮	3000万元人民币	深创投

续表

时间	公司名称	主营业务	轮次	金额	投资方
2011年					
12月1日	递四方	跨境电商物流供应商	C轮	数千万元人民币	深创投
12月1日	OrderWithMe	面向海外中小商家的中国商品团购和批发服务网站	A轮	300万美元	Infinity Venture Partners（IVP）、中国加速Chinaccelerator
11月1日	借卖网	外贸货源分销服务平台	A轮	2000万元人民币	深创投、福田投资
10月1日	OrderWithMe	面向海外中小商家的中国商品团购和批发服务网站	天使轮	数十万美元	中国加速Chinaccelerator
9月1日	侠特科技	外贸电子商务网站	天使轮	数百万元人民币	源渡创投
7月20日	环球易购	跨境B2C电子商务网站	A轮	5000万元人民币	深创投
5月1日	递四方	跨境电商物流供应商	B轮	数千万元人民币	新加坡邮政
4月1日	Milanoo米兰网	服饰外贸B2C运营商	A轮	1000万美元	红杉资本中国
2月1日	出口易	跨国电商全程物流解决方案服务商	A轮	400万美元	KPCB凯鹏华盈中国
1月13日	欧瑞思丹	致力于跨国电子商务零售业务	A轮	数百万美元	DCM中国、德同资本
1月1日	Tradesparq	社会化的外贸B2B电子商务网站	天使轮	数十万美元	AngelVest天使谷
1月1日	大龙网DinoDirect	跨国外贸B2C及B2B网站	B轮	数千万美元	风和投资

参考资料

[1] IT 桔子 https://www.itjuzi.com/.

[2] 投融界 https://www.trjcn.com/?trackid=ads:ppzq1:1.

[3] 36Kr https://36kr.com/.

[4] 海关总署网站 http://www.customs.gov.cn/.

[5] 全国中小企业股转系统 http://www.neeq.com.cn/.

[6] 巨潮资讯网 http://www.cninfo.com.cn/new/index.

[7] 中金公司. 跨境电商带动品牌出海，跨境物流步入规模化成长. 2021.1.

[8] 纵腾集团，易仓科技，跨境电商物流百晓生. 中国跨境电商物流行业蓝皮书. 2019.